OHSAMA BUNKO

日本史
不適切にもほどがある話

堀江宏樹

三笠書房

はじめに

栄光の陰にある「欲望のドラマ」に迫る本

私たちが教えられる歴史には、「偉人」たちの人生が輝かしいばかりに描かれている。しかし本来、「歴史から道徳を学び取ろう」という考えなど邪道という他ないし、「正義とは何か」とか「正しい生き方とは」といった問いへの「正解」は、時代によって千変万化するものだ。

歴史に名前を残すことは、その人物が必死に自分の人生を生き抜いた証《あか》しではあるので、歴史上の人物の所業を、現代のコンプライアンスに照らし合わせて批判することにも大した意味はないだろう。

それゆえ、本書の主眼は「批判」などではなく、現代では許されないどころか、当時でも許されなかっただろうタブーを破った結果、日本史上の「カリスマ」や「女傑」と呼ばれるようになった者たちの「欲望のドラマ」を読者と共有することにある。

一口に「欲望」というが、ここで取り上げたのは政治的な野心、誰かを出し抜く快感、愛する者を独占したいという嫉妬……そういうわかりやすい物語ばかりでもない。たとえば、日本史上唯一の女性皇太子となり、独身のまま天皇に即位した孝謙《こうけん》女帝は、看護僧（病人に寄り添い看病から祈禱《きとう》までする僧侶）として出会った道鏡《どうきょう》から洗脳され、絶対的信頼を植え付けられてしまった。二人の関係は「恋愛」などというシンプルなものではとてもなく、一言では表わせない「複雑怪奇な関係」でつながっていた。

こういう部分はもちろん学校の歴史の時間では教えないし、あぶり出して語ろうとする歴史家もいない。筆者はその点、歴史エッセイストなので、史料の行間を読み解いて語ることができる。そういう史料の行間に詰め込まれた、不適切すぎるエピソードの数々――それがこの本の内訳である。

他にも、テレビドラマや小説などの描かれ方で、新しい定番イメージを得てしまう人物もいる。大注目となったテレビドラマで「非情のリアリスト」として描かれた北《ほう》条義時《じょうよしとき》だが、鎌倉幕府が編纂《へんさん》した歴史書『吾妻鏡《あずまかがみ》』を読む限り、同時代人の平均以上に迷信深く、繊細でもあったから、「現人神《あらひとがみ》」である天皇・上皇たちから「朝敵」とされることだけでも本当は震えるほど恐ろしかったに違いない。

また、「江戸の名プロデューサー」として知られ、創作物の中でも、芸術家たちを束ねる快男児として描かれがちな蔦屋重三郎《つたやじゅうざぶろう》。しかし、実際は喜多川歌麿《きたがわうたまろ》や東洲斎写楽《とうしゅうさいしゃらく》など、才能あるクリエイターたちの弱みにつけ込み、「世間を騒がせるギリギリの創作」をさせ、自分の名を上げるために利用していた。そのせいで山東京伝《さんとうきょうでん》という作家は、お上《かみ》から「手鎖《てぐさり》50日」という実刑を受けている。

そういう重三郎のもとで売れない時代を過ごした曲亭《きょくてい》（滝沢《たきざわ》）馬琴《ばきん》などは、おそらく危機を察知して蔦屋からは離れ、その後は深い関係を持とうとしなかった。

このように「栄光」の陰には、多かれ少なかれ、知られたくない秘話が隠されており、そうした逸話を古代から近代まで並べたのが本書である。お見せするのは、われわれ同様……いや、われわれ以上に、黒い感情に囚われたり、失敗したりもする歴史上の人物たちの「リアル」である。読後に日本史の見え方、楽しみ方が多少でも変わっていたら、筆者としてこれ以上の喜びはない。

堀江宏樹

もくじ

2章

こんな露骨な「権力闘争」を後世に書き残せるわけがない【中世】

……武士の世でマウントを取るために行なわれていたこと

3章

さすがあの武将、あくどさのスケールもけた違い！【戦国】

……金と力を手にするために人はここまでやる

4章

平和な世だと、人はろくなことを考えない【江戸】

……江戸の社会を本能で生きたヒーローたち

5章 偉業を成し遂げた偉人にも必ず「もう一つの顔」がある【近代】

……お札になる人、ドラマの主人公になる人たちの不適切な物語

※人物・歴史用語の読みについては、より一般的だと思われる表記を採用した。

1章

雅なお方も、栄華をほしいままにした人も、「欲」に生きていた

……宮廷、物語や歌の天才たちの「不都合な真実」

古代

あの持統天皇が遷都に踏み切ったヤバい動機

古代日本史における「女帝」、とくに飛鳥《あすか》時代の**持統天皇**《じとう》の存在感はあまりに大きい。しかし、彼女自身は天皇への即位を強く願っていたわけではないようだ。また、「女帝」として彼女が最初に成し遂げようとした大仕事は亡夫・天武《てんむ》天皇の遺志の遂行であり、その一つが藤原京への遷都であったことは、その素顔がうかがえるようで興味深い。

天武天皇は熱心な仏教徒だったが、中国から仏教伝来時に付随して入ってきた**道教思想にも大いに影響を受けていた**。道教には独特の陰陽思想があり、「気」の流れを物の位置で制御するという考え方を部屋の間取りに応用したのが、現代の**「風水」**である。しかし、古代日本にとっての「風水」とは、あくまで都市計画の根底となるべき当時の最先端思想だった。熱心な風水マニアだった天武天皇は、藤原京の場所選びなどはすべて、その「風水」の理想に沿って行なおうとした。

都には、**玄武**《げんぶ》・**青龍**《せいりゅう》・**朱雀**《すざく》・**白虎**《びゃっこ》という四つの要素を満たした**「四神相応**《しじんそうおう》**」**の地が選ばれるべきで、具体的には北に山、東に川、南に池、西に大きな道がある場所。天武天皇は現在の奈良県橿原《かしはら》市に理想の地を見出した。

そして南北約4・8キロメートル、東西約5・2キロメートルという、当時では類を見ないほどに広荘な**藤原京**の造営に取り掛かっている中、病を得て崩御したのである。

日本の形を決めた持統天皇。夫の夢・藤原京の造営を継いだ

「風水マニア」の夫・天武天皇の遺志

しかし持統4（690）年、亡き夫の遺

志を継いだ鸕野讚良皇女《うののさららのひめみこ》、つまり持統天皇によって藤原京の造営が再開され、それから4年後の持統8（694）年、ついに藤原京へ遷都が決行された。

東西南北に張りめぐらされた道路と、碁盤《ごばん》の目のように配置された町並みが整然と立ち並ぶという、古代中国風の都市計画が日本で最初に実現したのが藤原京だった。

また、都市の中央部——正確には中央部より多少、北よりの土地——に君主（天皇）が住まう宮殿が置かれたことも、新機軸の都市計画だった。

これは「天子は南面し、臣下は北面す」という古代中国の思想を実現したもので、君主の宮殿は都市の北側にあって、庶民の街である南側をはるか遠くに眺めるべきという風水の理想の反映だったからだ。

古代のアジア世界では中国は最大の文化国家であり、そこから輸入された風水も最先端の思想だった。天武天皇は、それにのっとった都・藤原京に住む天皇も世界水準であり、「一流の君主」であるというブランド付けを行ないたかったのだろう。持統天皇はそういう亡き夫の国造りの遺志を引き継ぎたかったのだと思われる。

しかし、**「天皇夫婦が2代をかけて成し遂げた夢・藤原京」という美談でまとめるには、この都には大きな欠陥があった。**

❖"気の流れ"だけではすまなかった「都の最大の欠点」とは？

藤原京が置かれた橿原の地は、3万とも10万ともいわれる庶民たちが暮らす都の南側の標高が高く、天皇や貴族たちが暮らす北側が低地になっていたのだ。都の道路の両脇には下水代わりの水路が引かれていたが、これらの水路も南から北に向かって流れるようになっていたことになる。

それゆえ、藤原京の水路は博物館の復元模型や教科書の想像図では青く塗られがちだが、きれいな色をしていたわけがない。**庶民や下級役人たちの日々のゴミや排泄物を含んだ大量の汚水が、藤原京における皇城《こうじょう》や、政治の中枢である大極殿《だいごくでん》・朝堂院《ちょうどういん》にも流れ込んできたのだ。**

また、**大極殿などには、川水を利用した「水洗トイレ」があった**ことも判明している。古い言葉でトイレを「厠《かわや》」というが、もともとは河川を土地内に流し込んで利用する「川屋」であった。しかし、皇城はこの当時最先端の「水洗トイレ」を採用したために、異臭立ち込める空間と化していたのである。

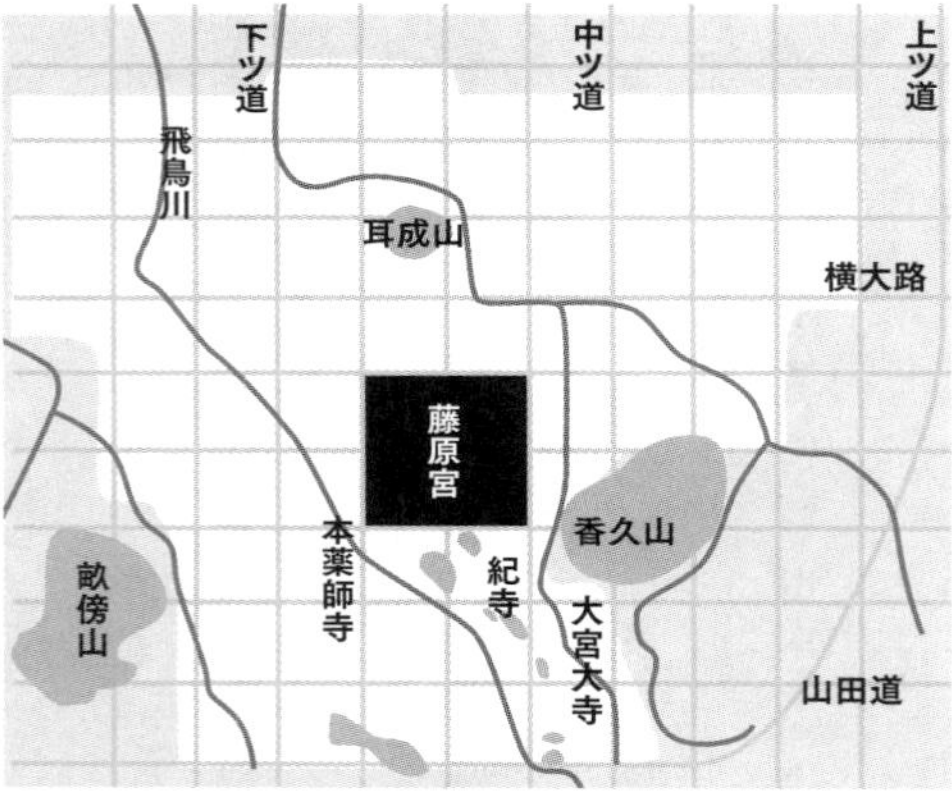

藤原京――「理想の都」には信じられない欠陥があった

そのうえ、上流から来たゴミや汚物が皇城付近にどっさりと堆積してしまっていたらしい。

この藤原京でもっとも悲惨な区画と成り果てた皇城において、大宝《たいほう》元（701）年8月3日、「大宝律令《りつりょう》」は完成し、翌年公布された。記念すべき日本の律令体制の幕開けは、このような悲惨な環境問題と共にあった。また、こうした中でわが国は「日本」という国号を名乗るようになったともいう。

「まだ未完成の平城京」へ早々と逃げ出した帝たち

持統天皇は異臭などの「対策を講じよ」

という詔勅《しょうちょく》まで出しているが、高きから低きに流れる水の性質に逆らう術《すべ》などあるはずもなく、有効な対策など立てられぬまま、大宝2（702）年に崩御した。藤原京遷都から12年後の慶雲《けいうん》3（706）年3月には『続日本紀《しょくにほんぎ》』も**「京城の内外に多く穢臭有り」**（都の内外にイヤな臭いが充満している）と認めざるをえない惨状になった。

時の帝《みかど》は、持統天皇の孫にあたる文武《もんむ》天皇であった。15歳という当時、類を見ない若さでの即位だった。

文武天皇は平城京への遷都を強く望んでいたというが、その夢を果たせぬまま、25歳の若さで世を去っている。天皇の崩御は、平城京遷都を審議しはじめた慶雲4（707）年6月15日のことだった。死因は定かではないが、陰暦における盛夏のことで、例の不衛生な環境が原因で発生した疫病にかかったのではないか。

和銅《わどう》3（710）年3月には、念願の平城京への遷都が強行された。すでに遣唐使が中国から戻り、本当の中国の都と藤原京の違いを指摘したことが、遷都理由になったと表向きでは考えられがちだ。しかし**遷都決行時、平城京では内裏《だいり》と大極殿やわずかな官舎だけしか完成していなかったという事実は見過ごせない。**

陰暦3月といえば現在の4月半ばである。気温の上昇にともなって悪臭が強くなり、都内の環境被害が深刻になっていたから一刻も早い脱出を試みたと見るべきではないか。**藤原京は悪臭地獄と化していた**ようだ。

平城京ではさすがに水洗トイレは不採用となり、糞便は土中に埋めるべしという旧来の方式に逆戻りした。しかし、平城京の弱点もやはり水運であったのは皮肉だとしか言いようがない。

ご存じのとおり、平安京に都が落ち着くまで、何度も遷都が繰り返された背景には、「天皇家と汚物との戦い」という一面があったことは忘れてはならない。

歴史上初めての不適切すぎる関係――
孝謙天皇と怪僧・道鏡

奈良時代、天皇家の乗っ取りを画策したとされる「怪僧」**道鏡**《どうきょう》。しかし、有名な逸話ほど歴史的な根拠がなく、その実像については定かではない。

皇室のしきたりによって生涯独身を強いられ、孤独な「女帝」**孝謙**《こうけん》**天皇**に道鏡が色仕掛けで迫り、寵愛《ちょうあい》を受けたという話は平安時代初期に成立した説話集『日本霊異記《にほんりょういき》』が初出で、奈良時代には見当たらない。道鏡が巨大な性器の持ち主だったという有名すぎる逸話に至っては、平安時代よりさらに後世の成立なので史実性はゼロなのだ。

日本史上唯一の女性皇太子となり、独身のまま天皇に即位した孝謙女帝には、結婚が許されなかったことや、彼女のリードで道鏡に皇位を継がせるという運動が起きたのは事実である。しかし、**道鏡と「女帝」との関係は、恋愛などよりもさらに複雑怪**

奇で、不適切なものだったのではないか……というのが筆者の推論である。

　ちなみに孝謙天皇は生涯で二度、天皇として即位した（称徳《しょうとく》天皇）が、本項では読者の理解しやすさを重んじて、「孝謙女帝」「女帝」として呼ぶことにする。

こうして「マインドコントロール」は行なわれた

　天平勝宝《てんぴょうしょうほう》8（756）年、太上《だいじょう》天皇であった聖武《しょうむ》天皇が崩御した。聖武天皇は独身のままで生涯を終える運命の娘の後継者として、道祖《ふなど》王《おう》という男性皇族を指名する。

　しかし孝謙女帝は、道祖王が聖武帝の服喪期間に少年と性交していた、まるで女のような喋り方をして道理を乱した、夜に宮殿を一人で抜け出したなどの理由を挙げ、彼を皇太子の座から引きずり下ろしてしまう。

　そして、孝謙女帝の母親である光明《こうみょう》皇后と、その恋人だったとも目《もく》される藤原仲麻《ふじわらのなかま》呂《ろ》（のちに仲麻呂は孝謙天皇にも接近した）が薦める**大炊《おおい》王《おう》を淳仁《じゅんにん》天皇として即位さ**せたのだ。

　しかし、光明皇后が亡くなり、孝謙女帝と藤原仲麻呂との関係もこじれた天平宝字《てんぴょうほうじ》

6（762）年、孝謙女帝（正確には孝謙太上天皇）のかたわらには道鏡が控えるようになっていた。この時には、すでに**「女帝」のマインドコントロールも完了**していたらしい。

また、同年5月、平城京の北の都・保良宮《ほらのみや》において、孝謙女帝と淳仁天皇があからさまな対立を見せた。「女帝」と、淳仁天皇の反目の理由が道鏡にまつわる事柄だったと史書『続日本紀』は認めている。その後、淳仁天皇が「女帝」から非難されただけでなく、廃位され、不審死まで遂げているのは恐ろしい……。

こうした淳仁天皇との激しい対立は、孝謙女帝の心身をすり減らしていた。体調を崩した女帝の病を、道鏡は**「宿曜秘法《すくようひほう》」によって治癒させた**という（『七大寺年表』）。「宿曜秘法」とは、のちに陰陽師《おんみょうじ》も用いた暦と人の運命を結び付ける占星術の一種だ。当時、すでに陰陽師的な役割をする人物が存在していたともいうが、要するに**道鏡は「女帝」のただの看護僧だったわけではなく、怪しげな呪術を用いて、孝謙女帝の心を籠絡《ろうらく》してしまっていた**のではないか。

またこの年の12月、正倉院北倉から中国・唐王朝の名書家・欧陽詢《おうようじゅん》の真跡（真筆）

だとされる貴重な屛風《びょうぶ》が道鏡の居室に貸し出されている事実からも、「女帝」が道鏡に傾倒していたことがよくわかる（ちなみに屛風は2年後、正倉院に返却された）。

❖ 政敵を打ち倒した「孔雀呪法」

天平宝字7（763）年、道鏡は「孔雀王呪経《くじゃくおうじゅきょう》一部十巻」の書写を東大寺写経所に命じた。彼は**「孔雀明王《みょうおう》の呪法」の使い手**であったらしい。クジャクという鳥は害虫や毒蛇をも食べるとされたがゆえに、災厄や病魔を退散させる呪法にその名が冠せられているという。

当時、葛城山《かつらぎさん》に住んでいた役小角《えんのおづぬ》という人物も「孔雀明王の呪法」を使って鬼神《きじん》を自由に使役し、薪《たきぎ》を割らせ、水を汲んで来させるなど、召し使い代わりにしていたことが前出の『続日本紀』に書かれている。

これらがどの程度、信憑性《しんぴょうせい》のある話かは置いておいても、**道鏡にも葛城山で修行していた記録がある**ことは注目されるだろう。

翌年の天平宝字8（764）年9月11日、かつて孝謙女帝が寵愛していた藤原仲麻呂による反乱（恵美押勝《えみのおしかつ》の乱）が勃発した。その知らせが平城京の「女帝」のもとに届いた18日、道鏡は「最勝王経《さいしょうおうきょう》」など護国経典として知られた経典類の写経を、大量に行なわせている。

手元に届いた多くの経典を彼がどのように使ったのかは不明だが、戦勝祈願の呪詛《じゅそ》に用いたのは間違いないだろう。

また、道鏡は**経典を手元に置いておくこと自体に特別な加護がある**と考えていたようで、かつて「女帝」から仲麻呂に貸し出されていた大量の経典を捜索させ、その取り戻しを命じている。

孝謙女帝は自分の病を癒やすだけでなく、逆臣にも打ち勝たせてくれた道鏡にいっそう依存するようになった。道鏡は出世を重ね、最終的には「法王」の身分にさえなって、宮中を輿《こし》で移動するなど天皇並みの待遇を得ていた。

そして起こるべくして起こったのが、神護景雲《じんごけいうん》3（769）年の**「道鏡事件」**である。

「道鏡を私の後継者に！」――しかし宇佐八幡宮の神託は

おそらく道鏡の指示どおり、多くの貴族や、本来ならば後継者に定めるべき皇族たちを排斥してしまった孝謙女帝（正確には称徳天皇）だが、腹心の部下・和気清麻呂《わけのきよまろ》に命じ、**皇族ではない道鏡を自分の皇位後継者にしてもよいという神託を、宇佐八幡宮《うさはちまんぐう》（現在の大分県宇佐市）まで取りに行かせていた。**

そしてこの時、事件が起きた。

清麻呂が平城京に持ち帰った神意は、**「無道の人（道鏡）は宜《よろ》しく早く掃《はら》い除《の》くべし」**という、「女帝」が望まない結果だったのだ。孝謙女帝は怒り狂い、「嘘をついた」との理由で清麻呂などを罰しているが、その後、道鏡即位計画が持ち出されることは二度となかった。

意外なまでの聞き分けのよさを見せた「女帝」だが、道鏡への寵愛は依然、続いていたようだ。その証拠に、神護景雲3（769）年の10～11月、さらに翌年2月にも、道鏡の故郷・河内国若江郡《かわちのくにわかえぐん》（現在の大阪府八尾市）に造営中だった由義宮《ゆげのみや》に「女帝」

の行幸が見られる。

しかし、平城京に戻った直後の3月、「女帝」は突然、病に倒れたが、崩御するまで道鏡をかたわらに呼び寄せることはなかったという。看病は吉備由利《きびのゆり》（吉備真備《まきび》の姉妹または娘）という一人の女官が行ない、女帝は自分の後継者として白壁王《しらかべおう》（のちの光仁《こうにん》天皇）を指名したとされる。実際は、身体の自由が利かなくなったのをいいことに、周囲の意思を押し付けられてしまっていたのかもしれない。

和気清麻呂が持ち帰った
神託を読む孝謙天皇。そこには…

孝謙女帝崩御の翌年、後ろ盾を失った道鏡は下野国《しもつけのくに》（現在の栃木県）に左遷された。そして2年後の宝亀《ほうき》3（772）年、当地でひっそりと亡くなっている。

暗殺されてもおかしくはない気がする道鏡だが、左遷以外に手出しをされることはなかった。おそらく道鏡の減刑に貢献したのが、問題行動をした事実がない彼の親族たちで、道鏡が左遷された時、彼らも流刑になってしまっている。

天皇をたぶらかした道鏡を殺せなかったのは、彼の法力あるいは、道鏡に執着した孝謙女帝の怨霊《おんりょう》が恐ろしかったのだろうか。道鏡の享年は70歳を超えていたらしいが、その高齢で天皇位を狙っていたのだとすれば、やはり「怪僧」というしかない。

こう見ると万葉集は「男同士の恋歌」だらけ!?

日本古代史の研究者・難波美緒氏によると、『**万葉集**』の「4516首の内、230首程度」が、**「男同士の絆」を歌い上げた恋の歌**だという。全体の5％にも及ぶそうだが、『万葉集』の歌の約1割を占める大歌人・**大伴家持**《おおとものやかもち》にそうした傾向が強いことが影響しているのだろう。

男女の恋歌にくらべ、男同士の恋歌は少々、複雑な背景を持つことが多い。
大伴家持は、名族・大伴氏の跡取りと目される人物で、妻子もいた。また、若い頃から天皇の身辺の警護などを担当する内舎人《うどねり》という官職を任せられるエリートでもあった。

また、内舎人には頭がよくて、外見も端正であることが求められたという。

万葉歌人・大伴家持は男同士の恋歌を詠み交わしていた？

つまり、大伴家持も「才色兼備」の貴公子だったことがわかる――などと書くと、「才色兼備」とは才能・外見共に優れた女性を讃《たた》える言葉だと反論されるだろう。しかし、**万葉時代の高級役人たちの酒宴で詠まれる歌において、この手の性別を混同した表現がたいそう好まれた**のである。

❖「相聞歌」として残る〝ある男性〟へ詠んだ歌

大伴家持は、同族の先輩役人・大伴池主《いけぬし》を慕い、池主も家持をかわいがっていた。ある年の「八月七日の夜に、大伴宿禰《すくね》家持が館《むろつみ》に集ひて宴する歌」として家持から池主に詠まれたのが、次の歌だった。

「秋の田の　穂向見《ほむき》がてり　わが背子《せこ》が　ふさ手折《た》りける　女郎花《おみなえし》かも」
（――秋の田の稲穂の実り具合を確かめた帰り道に、愛しいあなたが女郎花をどっさり手折ってくださったのですね）

この呼びかけに対して、池主は即座に応える。

「女郎花　咲きたる野辺を　行きめぐり　君を思ひ出　たもとほり来ぬ」
（――女郎花の花の咲いている野辺を歩き回りながら、あなたのことを思い出していたのです。田んぼを通ったのは、そのついでですよ）

この家持と池主の熱烈な歌のやりとりが収められているのは『万葉集』の「相聞《そうもん》歌《か》」の部で、公的に「愛の歌」だと認められてしまっているのは興味深い。

さらに特筆すべきなのは、古文の授業で「女性が恋する男性に呼びかける言葉」として習う**「わが背」**という言葉が、当時の男性同士でもよく使われていた点である。
長皇子《ながのみこ》が、弟の弓削皇子《ゆげのみこ》に詠みかけた「愛の歌」は有名だ。

「丹生《にう》の川　瀬は渡らずて　ゆくゆくと　恋痛《こいた》きわが弟《せ》　こち通ひ来ね」
（――丹生の川を浅瀬も選ばず、どんどん渡ってゆくように、痛いほど恋しいわが君よ、私のもとに通っておいで）

解釈無用の恋歌である。二人は天武天皇と大江皇女《おおえのひめみこ》の間に生まれた同母兄弟だった。男女の場合は母親が違えば恋愛、結婚共に支障がない時代ではあったが、男性同士の場合はどうだったのだろうか。

まぁ、ここから確実にわかるのは、**万葉時代においては男同士の恋歌（と見える歌）が、ごく普通に男性間で詠み交わされていたという事実**である。

家持はなぜ、「歌詠まぬ歌詠み」となったのか？

大伴家持はある事件から、亡くなるまでの26年間という長い期間を**「歌詠まぬ歌詠み」**として過ごしたことでも有名だが、その原因を池主の非業の死に見出す研究者もいる。

天平勝宝9（757）年、大伴池主は、とあるクーデターを企てた一人として逮捕され、そのまま獄中死したという。

それは「女帝」孝謙天皇から過剰なまでの寵愛を受けて、政治を牛耳っていた藤原仲麻呂の暗殺と孝謙天皇の廃位を企てるという過激な計画だったが、決行当日の7月2日に計画が漏洩《ろうえい》し、池主たちは捕らえられてしまったのだ。

しかし、この事件は池主の同志・橘奈良麻呂《たちばなのならまろ》が単独犯を主張し、他の者たちは拷問に耐えて口を割らなかったので、のちに「橘奈良麻呂の乱」と呼ばれることになった。この時、池主が絶対的沈黙を守り抜いたのは家持のためで、家持がこの年から死ぬまで「歌詠まぬ歌詠み」になったのも、それが関係しているのではないかともいう（伊藤博説）。

池主の死から6年後の天平宝字7（763）年、家持もやはり藤原仲麻呂の暗殺を企てたのだが、やはり情報漏洩によって捕縛される事件を起こした。家持からすれば、池主から一度は守られた自分の命だが、それゆえに彼の遺志を継いで、立派に散らせるつもりだったのではないか。

しかしこの時、家持は死罪にはならず、翌年の正月に薩摩守《さつまのかみ》という官職を与えられ、左遷されただけだった。当時の流罪は死罪に次ぐ二番目に重い罰だったが、彼は二度と歌を詠むことがないまま、この世を去ったらしい。万葉時代は現代から1200年以上前で、史料も乏しいため、想像で補わざるをえない部分が多いが、それでも家持と池主の歌には特別な絆の深さや、精神の共鳴が読み取れる気がする。

この意味深なやりとり

しかし興味深いことに、**大伴家持は、彼が暗殺しようと試みた藤原仲麻呂の次男・久須麻呂《くすまろ》とも意味深な歌のやりとりを行なっていた。**次は家持が久須麻呂に詠んだ歌である。

「春の雨は　いや頻《しき》降るに　梅の花　いまだ咲かなく　いと若みかも」
(――春雨に濡れてしまった梅の蕾《つぼみ》ですが、いまだに開きません。まだ若いからでしょうか)

つまり「私の愛を温かい春の雨のように浴びながら、あなたの若き蕾はいまだに花開きませんね」と読める内容なのである。

実際、民俗学者であり、歌人でもあった折口信夫《おりくちしのぶ》は、『口訳万葉集』という著書の中で「久須麻呂は、家持が同性の愛人であったものと見える」と解釈している。一般的には「家持はこの時、彼の娘に対して久須麻呂が求婚してきたので、娘になりかわって、それをやんわりとお断りした」ということになっている箇所ではあるが……。

この歌に対する久須麻呂からの返歌は次のとおりであった。

「春雨を　待つとにしあらし　我が屋戸の　若木の梅も　いまだ含《ふふ》めり」

(――もっと春雨が注がれることを待っているのでしょう。私の家の若い梅の蕾も、まだ蕾のままです)

家持の娘へのプロポーズを、彼女の若さを理由に断られた歌への返しにしては妙に熱烈すぎるし、その場合、**「我が屋戸の　若木の梅」**というフレーズが用いられた意図がわからない。**家持からの求愛に応えるか、応えないかの瀬戸際におけるロマンティックなせめぎあいが歌われている**と見たほうが、むしろ自然な気がする。

しかし……そうであれば、後年の家持が、久須麻呂の父・藤原仲麻呂の暗殺計画に失敗して罪に問われる未来を知る現代人としては、また別の意味で頭を悩ませねばならなくなる。**政略結婚に傾きがちな男女の愛情より、男性同士の関係のほうが様々な意味で「自由」でありえた**ということだろうか。

征夷大将軍・坂上田村麻呂は〝日本人離れした容姿〟だった⁉

「坂上田村麻呂《さかのうえのたむらまろ》黒人説」――途方もない空想の産物のように思えるこの仮説だが、現在においても一部の知識人に信じられているらしい。

「噂」の出どころは、イギリスに生まれ、カナダで活躍した人類学者アレクサンダー・フランシス・チェンバレン（１８６５～１９１４年）の『The Contribution of the Negro to Human Civilization』（人類文明への黒人の貢献）という論文だ。

ここで現在の本州に住む日本人の先祖は、列島の先住民族だったアイヌと戦いながら北上していったが、その軍隊の指導者が黒人の坂上田村麻呂だったと述べられているのだ。

チェンバレンがなぜ坂上田村麻呂を黒人だと考えたのか、その具体的な根拠が示されているわけではないのだが、20世紀半ばのアメリカでは、アフリカ系アメリカ人による公民権運動が盛んになり、そこで坂上田村麻呂黒人説も利用されたようだ。それゆえ、その後も細く長く、今日までこの説が生き残ってしまったのであろう。

国際色豊か！　奈良時代末から平安時代はじめの日本

しかし本当に「坂上田村麻呂黒人説」は、トンデモ説にすぎないのだろうか？というのも、**坂上田村麻呂が生きた奈良時代末から平安時代初期の日本は、現代人がイメージするより、もっと国際的といえる状況にあった。**

坂上田村麻呂を征夷大将軍に任命した桓武《かんむ》天皇は、生母・高野新笠《たかののにいがさ》を通じ、百済《くだら》の王族だった武寧王《ぶねいおう》と血がつながっていたのは有名な事実だ。それゆえ外国から日本にやってきて、その後は帰化した渡来人系の氏族出身者も優遇措置を受けることができたという（高橋崇『坂上田村麻呂』）。

当時の日本は、定期的に中国・唐《とう》王朝に遣唐使を派遣していた。舒明《じょめい》天皇2（630）年の第1回以降、日本から派遣された遣唐使の総回数は（学者によって数え方が異なるが）、最大で20回。少なくとも14回程度はあったという。

中国史上もっとも国際志向が強かったのが隋《ずい》王朝と唐王朝で、シルクロードを通じ、はるか西方諸国——中東やヨーロッパ諸国とも交流していた。また、皇帝の許可を受けていない唐人の私人渡航は厳禁だったが、唐の役人が皇帝の命を受け、外国に出張、滞在することは頻繁《ひんぱん》に行なわれていた。

外国との文化交流もかなり盛んで、『東城老父伝《とうじょうろうふでん》』という唐代の小説には「いま北方の胡人《こじん》は京師《けいし》（＝帝都）に雑居し、長安《ちょうあん》の少年は心まで胡風に染まっている」とある。

古《いにしえ》からの中国らしさを忘れはて、華やかな外国文化に耽溺《たんでき》する都会の若者たちが増えたことを嘆いた一説ではあるが、長安に住んでいたのは「北方の胡人」だけでなく、たとえば「金髪碧眼《へきがん》」の白人系、ペルシア系の人々の姿も普通に見られたという。

また、この記述には生まれた国や言語、そして肌、髪、瞳などの色が違う相手にも「美しい」「魅力的だ」と感じる感性が、唐王朝の中国に存在したことがうかがえる。

遣唐使が中国から日本に持ち帰ったのは、文物だけでなく、こうした「美」の感覚も含まれていたのではないだろうか……。

❖ エキゾチックな田村麻呂の生母はどこからやってきた？

坂上田村麻呂が21歳だった、宝亀9（778）年11月、第16回目にあたる遣唐使の日本への帰国船の中には、**喜娘**《きじょう》という女性が乗っていた記録がある。

喜娘は、唐王朝時代の中国に生まれた氏名不詳の女性（人種情報なども不明）と、日本から遣唐使として中国に派遣されたが、玄宗《げんそう》皇帝に重用されて、中国の地に骨を埋めた藤原清河《きよかわ》という役人の間に誕生した。

この日本への帰路の海上において、船は晩秋の嵐に巻き込まれ大破してしまった。遭難しながらも、生き延びた30人の役人たちと共に、喜娘は肥後国天草郡《ひごのくにあまくさぐん》（現在の熊本県天草市）になんとか漂着できた。しかし、船旅に懲《こ》りてしまったらしい喜娘は中国に戻ろうとはせず、日本で生涯を過ごしたそうだ。

中国生まれの唐人の私的渡航は厳禁されていたが、その一方で、外国生まれの唐人にはこの法律は適用されないため、喜娘のように中国から帰国する遣唐使たちの船に紛れ込んで来日する様々な来歴の人々がいてもおかしくはなかった。

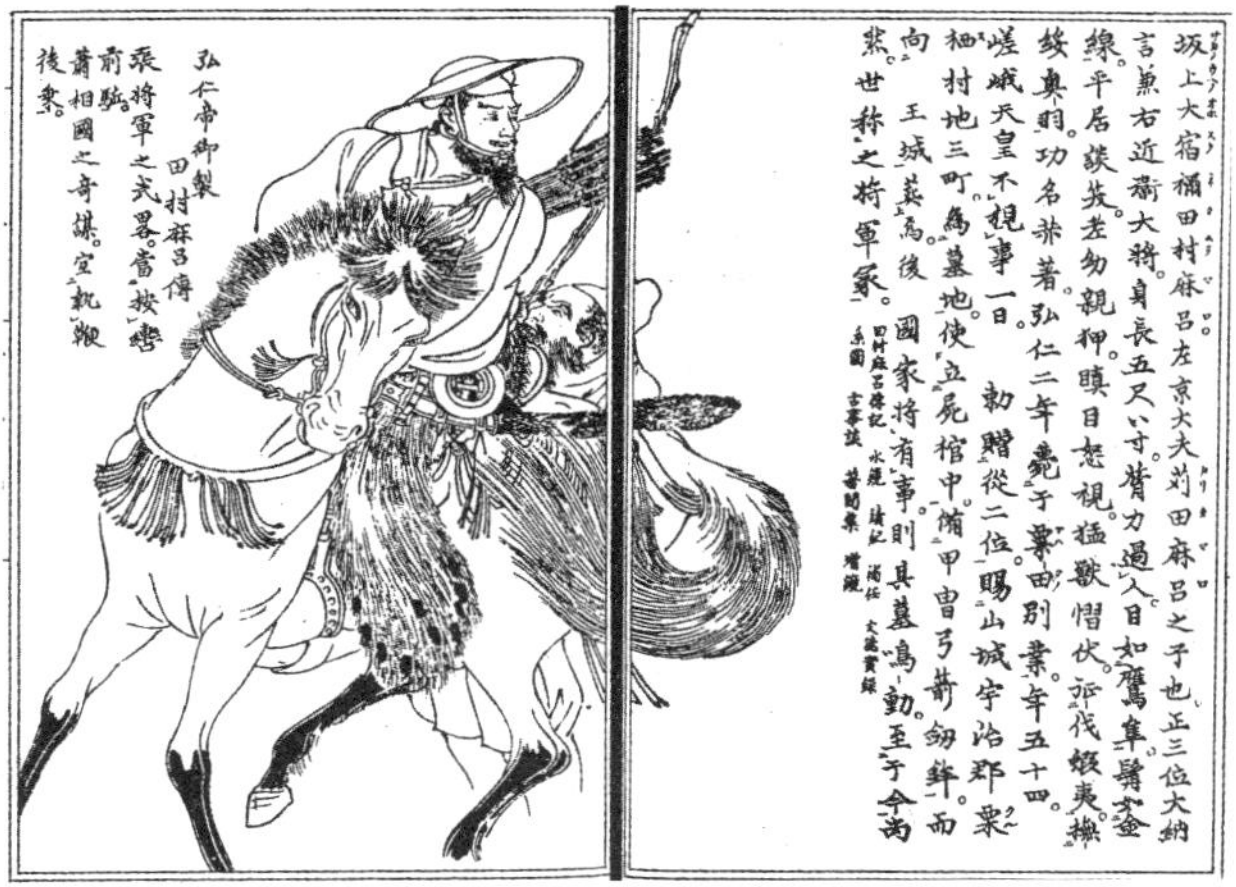

東アジア系離れした容姿だったという坂上田村麻呂。
そのルーツはいったいどこにあるのか

坂上田村麻呂の系図上、不詳となっている彼の生母も外国生まれ、もっというとはるか西方からやってきた女性だったのではないかと考えられる。その裏付けともなるのが、**東アジア系離れした坂上田村麻呂の容姿だ。**

平安時代初期の帝・嵯峨《さが》天皇の手によるとされる『田邑麻呂《たむらまろ》伝記』（『群書類従《ぐんしょるいじゅう》』第五輯《しゅう》）の記述をまとめると、「大将軍」（田村麻呂）の身長は5尺8寸（約176センチ）、胸板の厚さ1尺2寸（横幅約36センチの厚さの胸板という意味）、体重は多い時で201斤（約120キロ）もあったという。ただし、少ない時で64斤（38キロ！）だったそうで、「動静は機に合い軽重は意に任す」ともある。この体重の数字を額面どおりに受け取るなら、増量期と減量期の差が激しすぎる。数字よりも、**任務に応じてどんな姿にでも変わることができる超人的な身体能力があった**というような意味を持たせたかったのだろう。

そんな田村麻呂が怒りの視線を向けただけで、猛獣もたちまち倒れて死ぬほどだったが、笑えば、赤子でさえなつく優しい顔になったという。

また、彼の**「目は蒼鷹《あおたか》の眸《ひとみ》を写し、髭《ひげ》（髪という説もあり）は黄金の縷《きぬ》を繫《つな》」いだようだった。瞳は深いブルー、髭もしくは頭髪はブロンドで、顔は赤みを帯びていたそうだが、それはおそらく血色の話で、基本的には色白だったという意味だろう。**

つまり田村麻呂は、チェンバレン説にあるような黒人系というより、むしろ白人系、もしくはペルシャ系の血脈であることをうかがわせる美丈夫《びじょうぶ》だったらしい。

その後の「清和源氏」と田村麻呂の意外なつながり

古代日本において征夷大将軍とは、国家の非常時にだけ任命される臨時職だったが、その職をまっとうした後も田村麻呂は軍人として、大同《だいどう》５（８１０）年、平城《へいぜい》上皇と嵯峨天皇の兄弟対決に乗じ、上皇の寵姫だった藤原薬子《くすこ》が藤原氏の権力伸長を狙った**「薬子の変」平定に大活躍**した。また、彼は大納言という高い官職を得た朝廷の役人でもあった。

弘仁《こうにん》2(811)年、田村麻呂は54歳の若さで亡くなったのだが、彼の死を惜しんだ嵯峨天皇の命により、死後もなお国家の守護者となることを期待され、多くの武具などと共に埋葬されている。

田村麻呂の娘の春子は、のちに桓武天皇の妃として葛井《ふじい》親王《しんのう》を産んだ。その孫と清和《せいわ》天皇との間に生まれた貞純《さだずみ》親王の子孫が**「清和源氏」という武士の名流を形成している**。清和源氏の武士たちが活躍できたのも、その祖先の一人である坂上田村麻呂のカリスマあってのことではないか。

そんな坂上田村麻呂が、古代日本人のイメージを打ち破るような、エキゾチックな容貌の人物であったというのは実に興味深いのだ。

元祖メンヘラ！藤原道綱母のあきれた「女王様っぷり」

日本史上、もっとも「怖い女」の一人が**藤原道綱母**《みちつなのはは》だろう。平安時代を代表する女流歌人にして随筆家でもあったが、生涯を一私人として過ごしたので、朝廷の役人だった父や息子との関係から「藤原倫寧《ともやす》の娘」、「藤原道綱の母」などとする名称しか後世には伝わらず、本名がわからない。

しかし、一般的によく使われる「右大将道綱母」は、

「嘆きつつ　ひとり寝《ぬ》る夜の　明くる間は　いかに久しき　ものとかは知る」

という「愛されぬ女」、「報われぬ女」の恨《うら》みの歌が藤原定家《さだいえ》によって『小倉百人一首』に採用された時の名称で、なかなかにネガティブなイメージがつきまとう名前であった。「来てはくれない男を待ちわびながら、一人で寝ていると、夜明けになるまでの時間はどんなに長く苦しいものか……」と闇に閉ざされた寝室と自分の心を詠ん

でいるからだ。

ところが藤原道綱母の手による『蜻蛉日記《かげろうにっき》』では、この時、彼女が待ち焦がれていた藤原兼家《かねいえ》は、門の前まで来ていたというのに、**彼女がヘソを曲げ、会わなかっただけ**のようだ。しかも、これは二人が結婚してまだ1年と少しくらいしか経っていない時期の話であった。彼女のわがままぶりには先が思いやられてしまう。

藤原兼家と、のちの道綱母の結婚は、一説に彼女が19歳の話だった。彼女は創作物などで寧子《やすこ》とされることが多く、本項でもその名で呼ぶことにする。

格差婚の闇！　夫にバカにされることを恐れる妻

もとをたどれば、ある時期、それも遠からぬ時期まで寧子と兼家の祖先は同じだった。しかし今となっては片や藤原家嫡流の御曹司、片やしがない中流貴族の娘ということで、**階級差が生じてしまっていた**のだ。兼家は大臣にもなれる家柄だが、寧子は父親や兄弟が地方役人・国司《こくし》になれれば御《おん》の字程度の家柄の娘でしかない。

本来なら兼家と結ばれ、妻の一人にしてもらって、それだけでも満足すべきなのに、プライドが高い寧子は、彼からバカにされていないかを気にするようになってしまった。格差婚の闇である。

寧子のプライドの高さは「軽く見られたくない」という本音と表裏一体で、本当は自信などはなく、コンプレックスの塊《かたまり》だったと思われる。兼家の歌がヘタ、字が汚い、手紙の紙質まで低いと言いたい放題の寧子だが、あまりに過敏すぎる。それは「自分より上流の姫君と比較されるのが怖い」という怯《おび》えの裏返しだったのかもしれない。

文《ふみ》のやりとりを通じ、清く正しく関係が深まったのが、一説に天暦《てんりゃく》9（955）年の4月から8月である。8月の中旬には結婚が成立しているから、一度会ってからは実にトントン拍子で話が進んだようだ。

しかも結婚から数カ月ほどは毎晩、公務で忙しい兼家が通ってきてくれたという。**冷え切った夫婦関係の暴露本のようなイメージの強い『蜻蛉日記』だが、実はかなりの熱愛報告レポート**なのだ。兼家の腕の中でしか素直になれない寧子が、兼家にはかわいかったのかもしれない。少なくともこの頃は……。

❖妻の「不安定さ」に振り回される藤原兼家

兼家が2日ほど来なかった夜が、結婚から2カ月ほど後にあった。寧子は激怒したが、原因はおそらく本邸の**時姫**《ときひめ》**の制止**だった。兼家の正室・時姫もやはり中流貴族の娘ではあったが、若き日の兼家はいわば身分よりも愛を選ぶという意味で、恋愛至上主義者だったといえる。

そんな兼家は時姫との間に天暦7(953)年に嫡男・道隆《みちたか》、天暦8(954)年に長女・超子《ちょうし》を授かった直後、19歳になったばかりの寧子に言い寄ってきた。年子の二人の幼児を抱えた父親なのに、兼家があまりに自由に出歩いているのが、時姫には許せなくなったのだろうか。

しかし、兼家からの訪問が少しでも途絶えると、今度は寧子が激怒した。めんどうになった兼家はさらに別の女をつくってしまう。

兼家に別の女がいると知った寧子は、正室・時姫に手紙を書き送った。「彼はどこにいるのやら。私やあなたの他に、また女をつくったみたいですよ」。すると時姫は

「あら、彼はあなたのところにいるとばかり思っていましたわ」と返してきた。

捨てられた女同士、キズをなめ合おうという寧子に対し、時姫は「兼家がどこにいようと私は彼の妻」と言っているようなもので、御曹司・兼家の正室に収まっていられる女はやはり一味違った。気分が安定しているのだ。

兼家もそういう安定したパーソナリティの持ち主であった。不機嫌すぎる寧子に、兼家が短い手紙を送ったことがある。

「怒っていて怖いから行けないよ～」などという他愛ない内容だったが、これにも寧子は怒った。素直にジョークとして笑えれば、寧子と兼家の関係は、もう少し幸せなものになれていたかもしれない。まぁ、不機嫌つづきだったからこそ、その不満を文学に昇華できたのだから、後世のわれわれには幸運だったといえるのだが……。

❖ 側室としてのコンプレックスが何度も爆発！

寧子にとって、兼家との間に道綱という男の子一人しか生まれなかったことも、大きなコンプレックスだったようだ。兼家と正室・時姫との間には道隆、超子に続き、

道綱母をめぐる皇室・藤原氏の関係図

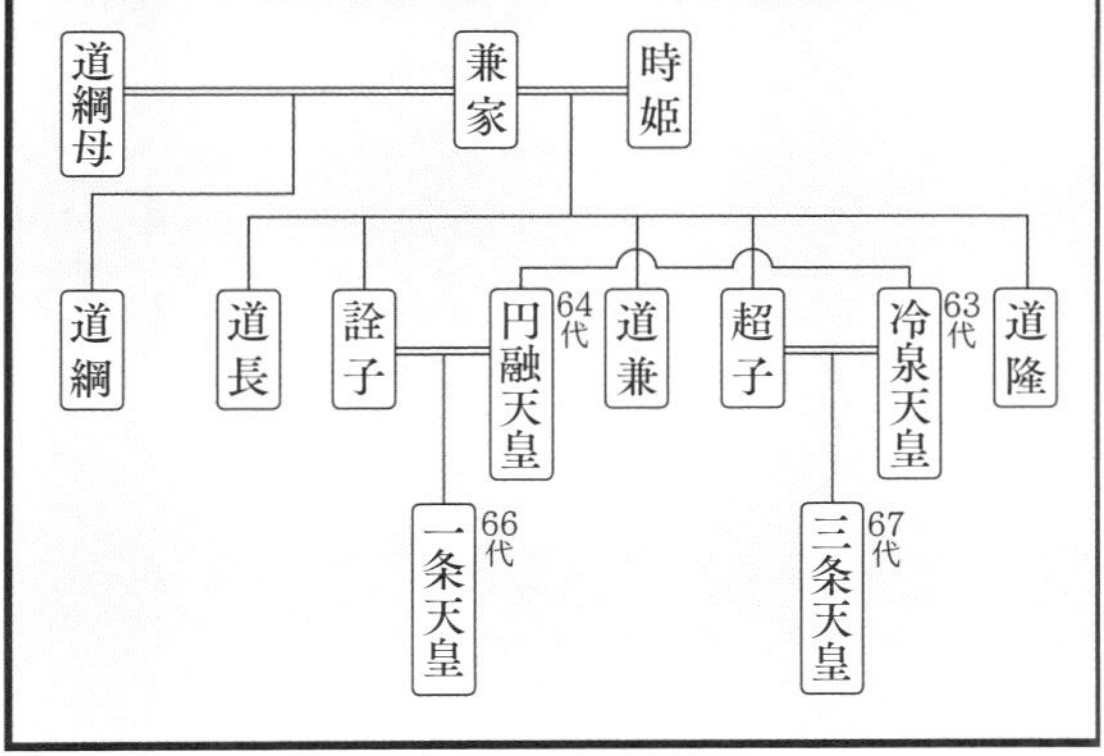

応和《おうわ》元（961）年に道兼《みちかね》、応和2（962）年に詮子《せんし》、そして康保《こうほう》3（966）年には道長《みちなが》……と、立てつづけに子どもに恵まれている。

全三巻にもわたる『蜻蛉日記』の末尾は、すべてがイヤになってしまった寧子がしきりに**「もうダメ、もう生きていられない気がする、私は出家する」**と寺院に駆け込むことを繰り返し、うんざりしながらも兼家が迎えにきてくれている。にもかかわらず、「不実な男」と彼を罵倒し、それだけが愛情を確認できる手段という、実に惨憺《さんたん》たる内容になってしまっていた。

そして本当に耐えきれなくなったのか、

唐突に日記は終わっている。誰よりも愛を求め、愛に生きたのに、最後には生きる屍《しかばね》になった女の姿がそこにはある。こんな**『蜻蛉日記』は、学校の授業などで取り上げるにはあまりに不適切な愛の教材といえるかもしれない。**

藤原氏に挑んでクビにされた「花山天皇」がしでかしたこと

天皇家の歴史には「怪帝」と呼ぶしかない方がしばしば登場する。平安時代中期の帝・**花山《かざん》天皇**はその代表格だろう。平安時代を代表する「賢帝」村上《むらかみ》天皇の孫にあたる花山天皇だが、その奇行は早くも即位式のさなかに確認できる。

永観《えいかん》2（984）年10月10日、円融《えんゆう》天皇から帝位を譲られた皇太子・師貞《もろさだ》親王（のちの花山天皇）の即位式が行なわれていたが、そこで即位儀式用の**特別な宝冠を「重くてしかたない。のぼせてしまいそうだ。だから取ってしまう」といって頭から下ろす**場面が目撃された（藤原実資《さねすけ》『小右記《しょうゆうき》』）。

すでに数え年17歳にもなっていた皇太子の所業としては前代未聞で、そういう『小右記』の内容が語り継がれるうちに盛られてしまい、「花山院、御即位の日に（略）馬内侍《うまのないし》を犯さしめ給《たま》ふ」――**即位式が始まる前に女官とセックスしていたみたい（だ**

から頭がムレて暑かった）という噂が、鎌倉時代の説話集『江談抄《ごうだんしょう》』にも登場するほどだった。

花山天皇の奇行も、藤原氏など朝廷の権力者の都合で即位させられ、退位もまた彼らの思うままという当時の天皇家の惨状に対する反抗心から出たものかもしれない。

❖「荘園整理令」で貴族たちの恨みを買う

花山天皇の治世はわずか2年ほどだったが、中流貴族の出身である藤原義懐《よしちか》と、藤原惟成《これなり》という二人を抜擢《ばってき》し、かなり急進的な政治を行なっていた。

彼らは、平安時代後期にはすでに有名無実と化していた律令制の復活を志し、天皇による直接の土地支配と税金徴収の制度復活に備えるべく、花山天皇の名で**「荘園整理令」**を発布させている。

平安時代の大貴族たちの権勢を支えていたのは、日本全国から寄進された荘園からの収入だった。律令体制において、個人の土地所有は名目上禁止だったが、天平《てんぴょう》15（743）年、有名な「墾田永年私財法《こんでんえいねんしざいほう》」が制定されると、自分で開拓した土地の私有権だけは認められるようになった。

しかし、そういう小規模土地所有者ほど、国から課される高額すぎる税に悩んでいたのだ。

そこで彼らは、大貴族にだけ許されていた免税特権を利用することを思いつく。自分の所有する土地を名目だけ大貴族の持ち物ということにして、彼らに荘園を寄進する。その時、多少の礼金を大貴族に納めねばならなかったものの、それだけで莫大な納税義務からは解放されるという裏技が日本中で使われていった。

こうして天皇家の収入は低下し、実権が失われる一方、大貴族の懐に転がり込んでくる利益は増えたのである。


しかし、こうした事態の打開を目指す**花山天皇による急激な改革断行は、藤原兼家など大貴族にとっては不都合そのもの**で、最愛の女御・藤原忯子《しし》の死が天皇にもたらした心の虚無につけ込まれる原因となった。

兼家は次男・道兼を使って「共にこのイヤな世から出家して自由になりましょう」と花山天皇に持ちかけさせたのである。こうして寛和《かんな》2（986）年6月、京都東山

藤原忯子の死をきっかけに出家する花山天皇。その裏では……

の元慶寺《がんぎょうじ》（花山寺）において**天皇だけが騙されて髪を下ろし、道兼には「出家前に父親の顔をもう一度拝みたくなった」と帰宅されるという悪辣《あくらつ》な詐欺事件が発生**した。

その結果、花山天皇にとっては年少の従兄弟《いとこ》で、同じく村上天皇の孫にあたる一条《いちじょう》天皇が即位する。あっという間に君主の座から引きずり降ろされた花山院だが、それでもしばらくの間は日本各地で本格的な仏道修行に勤《いそ》しみ、忯子の供養を行なった後に、京の都に戻ってきた。それからが「怪帝」花山院の本領発揮であった。

怪帝・花山院の「好色趣味」

女性関係もいっそう激しくなった。かつて自分の乳母だった女性と彼女の娘を同時に寵愛したり、亡き怟子の妹が住んでいる藤原為光《ためみつ》の屋敷にお忍びで通ったりしていた。そして、長徳《ちょうとく》2（996）年1月16日夜に事件は起きた。

いつものように為光の屋敷に通っていた花山院だが、自分の恋人を盗られたと勘違いした藤原兼家と時姫の長男・道隆の子ども、**藤原伊周《これちか》・隆家《たかいえ》兄弟とその従者たちによって襲撃されてしまった**のだ。

花山院は牛車《ぎっしゃ》内にいたが、射られた矢のうちの1本が法衣の袖に突き刺さってしまった。花山院もあわや殺されるところだったが、院の従者二人が首を切断され、その生首が持ち去られてしまっている。

これが世に悪名高い**「長徳の変」**のすべてだが、あまりに血なまぐさい。

この事件を藤原道長から手紙で知らされた藤原実資は驚がくするしかなかった。

当時、伊周は内大臣、隆家は中納言という高い地位にあったので大スキャンダルである。結局、伊周と隆家は、兄が大宰権帥《だざいのごんのそち》、弟が出雲権守《いずものごんのかみ》という地方官に降格されて任地に送られていった。

犯罪を理由とした、実質的な流罪と左遷である。彼らの属する「中関白家《なかのかんぱくけ》」（藤原道隆を祖とする一族）の没落が決定づけられた瞬間でもあった。おそらく彼らの追い落としをはかりたい道長が、血の気の多い伊周・隆家兄弟を焚き付け、都の厄介者になっていた花山院を襲撃させたのではないか。

しかし、兼家の出世の道具にされただけでなく、その息子の道長にも利用されてしまった花山院はお気の毒というしかないが、素行は改まらなかった。平安京には、大臣など高位の人物の屋敷の前を牛車に乗ったまま通行してはならないという掟《おきて》が存在した。牛車から降りて歩いて通れば不問にされたが、横着して牛車のまま通ろうとすれば、投石の雨を食らわせられても文句はいえなかったのだ。

花山院の屋敷の門前は、都でも有数の「難所」だったらしい。異様に大きな帽子を被って「高帽頼勢《こうぼうらいせい》」というあだ名で呼ばれた男をはじめ、奇妙な風体をした従者たちが大量に待ち構えており、何をされるかわかったものではなかったという。

❖ 従者たちもみんな逃げ出した

そんな武装集団に守られながらも、「長徳の変」の翌年、つまり長徳3（997）

年、花山院はまたもや赤恥をかかされることになった。
賀茂祭《かもまつり》の行事が執り行なわれる様子を花山院も見物に来ていたのだが、院の牛車は多くの異形の従者に取り囲まれていた。車中からはミカンの一種を貫いて数珠風にしたものがハミ出しており、異様な空気を放っていた。そこに検非違使《けびいし》の一群が突然、現われた。すると従者たちはそれまでの威張りっぷりはどこへやら、**院だけを残して逃げ去ってしまった**のである。

藤原実資から「濫行《らんぎょう》」（暴力事件）を深く憂慮されていた花山院の従者たちには犯罪行為の常習犯が多く、検非違使から顔を覚えられている者ばかりだったので、検非違使を見た瞬間、花山院のことなど忘れて逃げ出したのだ。その後、院は検非違使に護送されて屋敷まで帰り着けたというが、つくづく牛車に乗っている時のトラブルが多い御仁ではあった。

「草葉の露になりたい」——中宮定子の不遇な最期

平安時代中期の長保《ちょうほう》２（１０００）年12月15日、一条天皇の「皇后」藤原定子《ていし》がお産で亡くなった。清少納言の『枕草子』の中心人物だった**「中宮」定子**は、晩年には「皇后」になっていたのだが、いったい何が彼女の身の上に起きていたのか。

８世紀の聖武天皇の御代以来、天皇の生母で、皇后の位を授けられていない女性、つまり「皇太夫人《こうたいふじん》」の別称が「中宮」と決まったのだが、平安時代初期の醍醐《だいご》天皇以降、それに該当する女性は出なかった。そして10世紀後半には、天皇の正室を指す言葉として中宮が使われはじめ、中宮＝皇后ということが慣例化していた。

定子の父・藤原道隆は、14歳のわが娘を11歳の一条天皇に嫁がせていたが、当時、すでに中宮の位の保持者がいた。一条天皇より二代前の帝・円融天皇の中宮であった藤原遵子《じゅんし》である。
天皇の数だけ、中宮の存在が認められるのではなかったため、定子が正式に中宮になるには、遵子が亡くなるか、皇太后になるのを待つしかない。ところが、道隆は悪知恵を働かせ、**中宮と皇后は別の位という解釈にして、遵子を皇后《こうごう》（正式には皇宮《ぐう》）に、そして定子を中宮の座に据えた**のである。

❖ 一人の天皇に「中宮と皇后が並び立つ」異常事態発生！

しかし、父親が恣意《しい》的な解釈によって先例をかき乱した結果、やがて定子もその犠牲となった。中宮と皇后が並立可能という先例ができてしまったので、道隆とその息子たちから権力を奪い取った**藤原道長が愛娘・彰子《しょうし》を中宮に、そして一条天皇の中宮だった定子を皇后にすると言い出した**のだ。

この時、皇后だった藤原遵子は皇太后になったのだが、宮中をすでに出て、実家でひっそり暮らしている遵子に皇后の位が与えられて以来、皇后とは「形だけの高位の妻」というイメージが強くなっていたと思われる。

しかし、定子の実家つまり「中関白家」に、道長と張り合えるだけの力がすでにない以上、定子も自分が皇后に、そして彰子が中宮になることを認めるしかなかった。こうして**一人の天皇の後宮に、中宮と皇后が並び立ち、その二人が自分を正室と言いはる異常事態**が到来してしまった。

皇后となった定子が、一条天皇の寵愛だけが頼みの形だけの正室に成り下がったことは疑いようもない。父亡き後、定子が頼るべき伊周・隆家の兄弟は、牛車の中の花山法皇に矢を射掛けるという大事件（57ページ）を起こして、実質的な流罪になっていた（「長徳の変」）。そこへ道長が恩情をかけ、平安京に呼び戻してくれたので、かろうじて貴族としての生命が保たれているという有様だったのだ。

定子も兄たちのトラブルに巻き込まれ、すでに出家していたし、「中関白家」の没落は、のちに「御《み》堂関白《どうかんぱく》家」と呼ばれるようになる道長一族の躍進と比べれば、誰の目にも明らかだった。

❖第三子出産時に待ち受けていた「屈辱的扱い」

実家の衰退は、中宮・皇后といった呼称の問題以上に、世間の定子に対する扱いに大きな変化をもたらした。

「死のケガレ」そして「血のケガレ」を忌《い》み嫌う宮中のルールによって、出産を控えた妃は家臣の屋敷に一時的に下がって、そこで子どもを産むことになっていたのだが、屈辱的な事件が起きたのだ。

第二子・敦康《あつやす》親王に引き続き、第三子を出産予定の定子を今回も迎え入れてくれたのが『枕草子』でいう**「大進生昌《だいじんなりまさ》」**こと**平生昌《たいらのなりまさ》**だった。

しかし、前回とは異なり、**生昌の屋敷での定子に対する扱いはひどく、「ここから入れ」と指定された北の門が狭いので牛車を降りなければ通ることさえできなかった。**

基本的に、定子とその周辺の人々の幸せだった時代の思い出だけを詰め込んだのが『枕草子』という書物なので、作者の清少納言はこの事件のことも、気が利かない平生昌を自分がいびるという「笑い」に転化して描いている。

清少納言から「どうしてこんなひどい造りにしているの」と聞かれた平生昌からは「家のほど、身のほどにあはせて侍《はべ》るなり」という回答があった。

「私の家柄、身分に合わせただけです」と訳せる箇所なのだが、これには絶対に底意があった。**「定子様は没落なさったから、それに合わせてこの扱いなのです」**というのが真意だろう。

なぜ定子は「火葬」を拒否したか

定子にも今度のお産で自分は死ぬという悪い予感があったようだ。出産に先駆け、彼女は「遺書」として3首の和歌を記した紙を、御帳台《みちょうだい》（寝台）の帷《とばり》の紐《ひも》に結び付けていた。そのうち2首はとくに有名だ。


「よもすがら　契りし事を　忘れずは　恋ひん涙の　色ぞゆかしき」

（――私と一晩中愛し合った思い出をあなたが忘れていないのであれば、私がいなくなってから泣いてください。あなたが私を恋い慕って流す涙の色がどんな色なのか知りたい。私を愛していたのであれば、血の涙を流してください）

一条天皇への恨み、そしてそれでも尽きない彼女の愛を見事に三十一文字《みそひともじ》に凝縮している。

「煙とも　雲ともならぬ　身なりとも　草葉の露を　それと眺めよ」

この歌は、**当時の貴族や皇族の間で定番となっていた火葬を拒否した内容**で異彩を放っている。

（――死んだ私は煙にも、そして雲にもなっていません。空を見上げるのではなく、草の葉に浮かぶ露の玉が私だと思ってくださいね。そして私との愛の日々を思い出してくださいね）とでも意訳できるだろうか。

「死してもなお忘れられたくない」という切ない願いが詠まれているのだ。

清少納言の『枕草子』が定子の死の前後の悲劇については頑《かたく》ななまでに語っていないのも、定子の「白鳥の歌」の世界を自分の言葉で汚したくないという一心だったのではないか。

定子は、媄子《びし》内親王を出産した直後から急速に虚脱し、兄・伊周が灯《あか》りを近づけたところ、すでに事切れてしまっていたという（『栄花物語』）。

そして見つかったのが定子の「遺言」こと辞世の歌で、彼女が「煙とも雲ともならぬ身」を希望していたことがわかった。そこで『栄花物語』によると、当時の貴族としては特例にはなるが、葬送の地、鳥辺野《とりべの》の「南方二丁」（約２１８メートル）の場所に「霊屋《たまや》といふものを造りて、築土《ついひじ》などつきて、ここに（遺体を）おはしまさせん」ということになった。

「草葉の露」になりたいと言っていた定子は、おそらく土葬を希望していたようだが、それは「皇后」という高貴の女性にはふさわしくないと判断された。そのため、古代日本の貴人の葬送方法に起源を持つ**木造の「霊屋」を建て、そこに定子の遺体を安置するという一種の風葬**になったようだ。

定子の遺体は六波羅《ろくはら》蜜寺《みつじ》に運び込まれ、そこで葬儀を済ませた後、鳥辺野の霊屋に牛車で運んでいく段になって大雪に見舞われた。

平安時代の貴族たちは、身内の葬儀を自らの手ですべて執り行なうのが常だったので、定子を乗せた牛車にも伊周・隆家の兄弟がつき従っていたはずだ。降りしきる雪に、人々の物悲しさもひとしおだったことだろう。

それにしても、かつては一条天皇の「中宮」として、華やかな後宮の中心にいた藤原定子の遺体がその後どうなってしまったか、そして彼女の霊屋がどんなものだったかなど、すべてが歴史の闇にかき消えてしまったことには無常を感じずにはいられない。

清少納言――「道長憎し」を助長した〝実兄の存在〟

清少納言が殺人者の妹だったという話は有名だ。仕えるべき女主人・藤原定子（中宮定子）を失い、零落した後の清少納言は**兄・清原致信《きよはらのむねのぶ》**を頼って同居していたともいうが、その兄の悪行を知っていたのだろうか。

清原致信の経歴は、妹以上に不明な部分が多い。致信は、藤原保昌《やすまさ》という貴族の部下だったという。保昌は藤原道長の忠実な部下として知られ、いわゆる「道長四天王」の一人である。

平安時代の宮廷社会は、「従五位下《じゅごいのげ》」以上の官位を与えられた者の総称である「貴族」を中心に構成されていた。その数はわずか数百名程度で、中でも「従三位《じゅさんみ》」以上の官位を持つ貴族は「公卿《くぎょう》」と呼ばれ、主にこの数十名の者たちの意向で政治が動かされていた。

陰謀じみた計画で花山天皇を退位に追いやり、血縁にあたる幼少の一条天皇を即位させ、天皇の代わりに政治的実権を握る摂政となった藤原兼家は、なりふり構わぬ一族優先主義者だったので、子息・道長も若くして出世して公卿になっていた。

紛争を解決する手段は「殺人」

平安時代の貴族たちの主な紛争解決手段は殺人だったといえるが、道長は自らの手は汚さず、「道長四天王」と呼ばれる腹心の部下たちに汚れ仕事を任せていた。「四天王」の中でも道長との距離の近さで知られるのが藤原保昌という男だったのである。

なぜ保昌がそこまで道長に尽くすのかというと、中流貴族の生まれの保昌にとっては、当時の平安京でいちばん儲かる仕事である国司の職につけるかどうかが、道長の意向で決まるからだ。そのためには何でもした。

しかし、保昌自身も財と権力を持っているから、気心の知れた部下に汚れ仕事は行なわせる。そこで**保昌に手先として使われたのが、清少納言の兄・清原致信だったら**

しい。

道長の推挙を得て、藤原保昌が大和国《やまとのくに》（現在の奈良県）の国司（大和守《やまとのかみ》）になったのが、一説に長和《ちょうわ》2（1013）年だという。しかし、保昌という新しい大和守の誕生によって、かつて大和守の地位にあり、退任後も現地に勢力を残した源《みなもとのよりちか》頼親という貴族の手下と、保昌の手下の抗争が激化したようだ。大和源氏の祖ともいわれる源頼親は、すでに当地では一大武力勢力であった。

道長の日記によると、藤原保昌は「郎党《ろうとう》」——つまり手下の清原致信に命じ、源頼親の部下の当麻為頼《たいまのためより》という大和国の豪族を殺させていた。その殺人事件に対する源頼親からの報復が、寛仁《かんにん》元（1017）年3月8日の清原致信集団リンチ殺人事件だったのだ。

こうして致信は、この日、総勢20名程度の騎馬武者や随兵たちによって白昼堂々の襲撃を受け、平安京の六角小路《ろっかくこうじ》と富小路《とみのこうじ》（福小路）の交わったあたりの家屋敷で斬殺《ざんさつ》されてしまった。

「道長ファミリー」の内輪もめ

源頼親は、道長への献金の多さで知られる源頼光《よりみつ》の弟にあたる。頼親も道長に親しく仕えていた。つまり**事件は、「道長四天王」の一人である藤原保昌の一派と、源頼光・頼親兄弟の一派の抗争という「道長ファミリー」内の内輪もめ**だったのだ。

この時、源頼親は、道長の手下からの調べに対して犯行を認めたので、同年中に淡路守《あわじのかみ》および右馬頭《うまのかみ》という官職を取り上げられている。しかし、**道長は日記の中で、源頼親は「殺人上手」で、こういう事件を何度も起こしたとあきれただけだった。**

事件後も道長の頼親への寵愛は薄れず、頼親にも役職を罷免《ひめん》される以上の処分は下りなかった。おまけに頼親は事件から7年後の万寿《まんじゅ》元（1024）年、あらたに伊勢《いせの》守《かみ》に任命されている。

国司という役職については、現在でいえば県知事などと説明されがちだが、自分の代わりに「目代《もくだい》」という代官を当地に派遣するだけでもよく、本人は懐に金の卵を産むニワトリを抱えながら、京都で快適に暮らせたのである。

清原致信斬殺事件の現場に、彼の妹である清少納言が居合わせたという説もあるが、情報源は鎌倉時代成立の『古事談《こじだん》』という説話集だ。その日は大勢の武士たちがなだれ込んでくる中、高齢で尼姿の彼女も男と間違われ、殺されそうになったが、女性器を見せ付けてなんとか死なずに済んだという。

しかし、中宮定子のサロンの華やぎと、自身の華麗な生活を見せびらかすような『枕草子』の著者・清少納言が零落した晩年を迎えたと仮定することで、この世の無常を説くのが説話集の常套《じょうとう》手段だから、真実性はなさそうだ。

筆者の推測だが、おそらく清少納言は兄・致信の殺人については昔から知っていたし、事件のはるか以前から、そういうことをしでかしかねない兄とは距離を置いていたのではないだろうか。

清少納言の離婚、そして再婚

清少納言は、兄が喜んで仕えていた藤原道長とその一派をひどく嫌っていたようだ。敬愛する藤原定子を中宮の座から追い落としたのが道長とその長女・彰子だったからという理由で道長を嫌ったのではなく、おそらく**最初から道長という男が気に入らなかった**のだろう。だから、道長の敵対勢力であった藤原道隆（道長の長兄）の一族、いわゆる「中関白家」に接近し、道隆の愛娘の定子にも仕えるようになったのではないかと思われる。

清原家は昔から道長派の一族で、清少納言の**最初の夫・橘則光**《のりみつ》も道長に仕えていた。天元《てんげん》４（９８１）年に結婚して、男子も授かった二人だが、早期に離婚している。

橘則光が無粋な男だったので別れたともいわれるが、実際は、道長の部下である則光が気に入らなかったのではないか。多かれ少なかれ、「中関白家」の貴公子たちも『枕草子』に描かれたほどには雅《みやび》な人物ではなかったが、道長よりはマシだと清少納言には思えたのかもしれない。

橘則光と離婚してからしばらくして、清少納言は20歳以上も年上の藤原棟世《むねよ》**と再婚した。**父・清原元輔《もとすけ》の友人だったらしいが、父や兄・致信が確実に道長派だったのに対し、残された史料から見ると、棟世は道長のシンパではなかったらしい。娘を一人授かったが、別居期間が長く、形だけの夫婦に近かったようだ。

それでも藤原定子が亡くなった長保2（1000）年、清少納言は摂津守《せっつのかみ》を務めていた藤原棟世を頼り、彼の任国に身を寄せたという（『清少納言集』）。清少納言が兄・致信を頼らなかったのは注目に値する。

藤原棟世はその直後に亡くなってしまったとされるが、国司ということはそれ相応に財産家であり、平安京内にも家屋敷を所有していたはずだ。それゆえ、寛仁元（1017）年3月に兄の清原致信が殺害された時も、清少納言は兄とは別居していた可能性が高い。

晩年の清少納言は亡夫から受け継いだ家屋敷でそれなりのリタイア生活を送っていたか、あるいは定子の娘・脩子《しゅうし》内親王などにお仕えしながら生涯を終えたのではないだろうか。

いずれにせよ、『枕草子』で強いキャリアウーマン志向を披露していた清少納言ならば、当時の多くの女性たちのように父、兄、夫のいいなりではなく、自分の意志で最後まで生き延びていてもおかしくはない。

皆が口をつぐんだ藤原道長の「悪行三昧」

「この世をば　我が世とぞ思ふ　望月の　欠けたることも　なしと思へば」

漢詩や和歌に熱心だった**藤原道長**の詠んだ歌の中で、1000年以上たった後でも知られているのがこれだけだと本人が知ったのなら、絶望的な顔をされそうだ。

「この世はすべて私のものだ。そして私の権勢は欠けたところがない満月のようなものだ」と訳せるこの歌は、寛仁2（1018）年10月16日の夜、道長の三女・威子《いし》が後一条《ごいちじょう》天皇の皇后になった祝いの宴の「二次会」で、道長の主邸・土御門第《つちみかどてい》において詠まれたという。

平安貴族の出世栄達は、天皇家に嫁いだ自分の姉妹や娘たちに皇子を産ませることでもたらされた。当時の道長は、長女・彰子が太皇太后《たいこうたいごう》、次女・妍子《けんし》が皇太后、三女・威子が中宮（皇后）という、天皇家の「三后」すべてをわが娘で独占する前代未聞の「フルハウス」の状態で、これはすなわち朝廷と政治のすべてを手中に収めたのと同義であった。道長の得意満面も無理はない。

最近の研究では、10月16日は満月ではなく、少し欠けた十六夜だったと指摘されている。ゆえに例の歌は道長本人の自慢というより、「空の月は少し欠けているが、愛娘たちは満月のようだ」という娘自慢の歌ではないかという新説も登場している（山本淳子説）。

❖ 言いっ放しの歌がなぜ、後世にまで伝わっているのか？

しかし、「望月の歌」は「この世をば　我が世とぞ思ふ」というフレーズで始まっており、「我が世」という語句を「私が支配する世界」という意味で使った例は、それまでは天皇や皇太子以外にはなかったらしい。

道長は「我が世」という語句で歌を始めているので、自分の権勢を誇示したかったという意識は感じられる。つまり、**「空の月は満月から十六夜の月になって、少し欠**

け始めたが、私の権勢は満月のままだ」というような意味で捉《とら》えて、解釈に間違いはないだろう。

しかし、さすがの道長も酔いが覚めれば恥ずかしくなったのか、この歌を日記『御堂関白記』には書き残さなかった。本来ならば一瞬の座興として宙に消え去るべきこの歌を、しっかり記録して後世に伝えたのは、**藤原実資**という公卿である。

道長から、まさにこの歌を「今から座興で歌を詠むから盃《さかずき》が一巡するまでに、返歌しなさい」と詠みかけられた人物でもあった。辟易《へきえき》した実資は返歌を拒否している。

しかし、それでは道長のご機嫌を損ねてしまうから、「私には返歌できないほど、素晴らしく優美なお歌でございます。皆様で唱和して讃えましょう」などと音頭を取った。

そして自邸に帰った実資は、**「道長めがこんな下品な歌を詠みやがった」という憎しみを行間に込めながら、文字面はあくまで淡々と自身の日記『小右記』に「この世をば」の歌を書き記したのである。**公家の日記は、宴会帰りが多い深夜ではなく、一晩寝た翌朝に書かれたから、よほど道長の歌の印象が強烈だったのだろう。これが未来への告発文になった。

❖「土御門第完成」――平安京の人々が眉をひそめた理由

道長の日記には出てこない都合の悪いことが、実資の日記には頻出する。

「望月の歌」の舞台となった土御門第――道長の日記によると、長保元（９９９）年までに拡張と改装の工事が終了したことになっているこの屋敷にも、平安京の人々が眉をひそめるようなひどいウラ事情があった。

土御門第は当時の土御門大路《おおじ》と京極《きょうごく》大路に面した大邸宅で、南北２４０メートル、東西１２０メートルほどの敷地だった。現在の京都の評価額であれば、土地と建物合わせて１００億円規模の大邸宅ということになる。

後年には、道長からのパワハラに泣かされつづけた三条天皇が下賜《かし》したクジャクも放し飼いされていた自慢の庭で有名だったが、これにも**平安京の公共施設と思《おぼ》しき場所から岩石などを盗んで運び込み、整備したという極悪の来歴があった。**

藤原実資によると、寛仁２（１０１８）年6月26日、真夏の白昼堂々、道長の手下が平安京を歩く人々を強制徴用し、土御門第に巨大な岩石を運び込む手伝いまでさせていた。またこの時、邪魔になる民家はすべて破壊されてしまったという。

道長といえば、表沙汰になっただけでも数々の悪事がある。

たとえば、お気に入りの者を役人にしたくて、官人採用試験の結果を変更するべく、手下をけしかけて試験官の下級貴族を拉致監禁させたり、妻・源倫子《りんし》の外出の支度が遅れたといって担当者を監禁したり……。それらすべてを自分の手は汚さず、部下にやらせている点で悪質だった。おそらく、常に具体的な指示は出さず、ほのめかして手下たちに罪を犯させていたのだろうが、土御門第の庭の造営にまつわる逸話は、そうした道長の悪行の典型例といってよいだろう。

道長流のキラキラな「終活」

道長という人物のとてつもない所業の集大成は、彼の晩年に一門総出で造営された**法成寺**《ほうじょうじ》だろうか。51歳頃から糖尿病が原因だと思われる症状に苦しみ、白内障や心臓の障害を抱えていたのだが、「過去の報い」を意識することが多かったらしい。
道長は寛仁3（1019）年に出家しており、行観《ぎょうかん》（のちに行覚《ぎょうかく》）という法名を得ていたが、自らの修行の場として邸宅に面した土地に法成寺を建立することを思いついた。ちなみに「御堂関白家」という道長一族の通称にもなったのが、この「京極御《きょうごくみ》堂《どう》」とも呼ばれていた法成寺である。

道長は莫大な私財を投じ、法成寺を金堂、五大堂、阿弥陀堂などの建物が立ち並ぶ現世の極楽浄土にせんと試みた。当時の貴族たちの中では、遺骨や遺体に魂が宿るという感覚はまだ薄かったので、上流貴族たちは墓地や葬式に金をかけるのではなく、生前に自らの意思を反映した立派な寺を建て、来たるべき臨終の瞬間に備えたのである。

しかし、賀茂川の河川敷を敷地としていた法成寺には、建物群の礎石となる巨大な岩石の調達という難題があった。それで、**道長の子どもや部下たちは平安京内の巨大な建物の礎石を奪い取る**という手段を今回も採用した。

藤原実資の日記『小右記』によると、平安京の正門である羅城門《らじょうもん》、神泉苑《しんせんえん》という御苑などの施設から礎石が、法成寺の工事現場に運び込まれていった。羅城門などの建物はすでに倒壊しており、壊さずに礎石だけ奪うことができたので一定の配慮はしたようだが、天皇の御所である大内裏《だいだいり》の建物にも手をつけてしまったらしい。

こうして礎石や運搬代を安くできたからだろうか、寺院の屋根には極めて高価だった緑色の瓦が並び、柱には紫檀《したん》などの香木が用いられ、堂内には金や銀といった貴重な素材の仏像が数多く安置され、ひしめくことになった。

道長は寺に尼僧たちを招き、彼女たちの手で多くの宗教行事を繰り広げさせたともいうが、金の使い方を見れば、その人物の本性は隠しようもない。

極楽往生を目的とした「終活」においてもこれだけのことを平気でしてのけるのだから、道長の欠けることとない満月のような日々は「望月の歌」を詠んだ時から、ずっと続いてしまっていたのだろう。

高雅な『源氏物語』の陰に隠れた紫式部の「人間くさい素顔」

天皇の美貌の皇子として生まれながらも、臣籍降下《しんせきこうか》させられた（皇族の身分を失った）光源氏《ひかるげんじ》が、義母である藤壺《ふじつぼ》の宮《みや》に恋い焦がれ、満たされぬ思いに苦しむという**『源氏物語』**。深淵な世界観、精密な描写は「世界初の恋愛心理小説」と称されるにふさわしい。

その著者・**紫式部**の名は国内外に知られているが、彼女の本名や生没年、容貌など、われわれが知りたい基本情報の大半は歴史の闇の中に欠け落ちてしまっている。

初婚年齢が、当時の結婚適齢期を10歳以上過ぎた20代後半くらいだったことから、不遇の時期が長かった父・藤原為時《ためとき》と、出来がよろしくなかった弟・惟規《のぶのり》のお世話に忙殺されているうちに、婚期を逃してしまったタイプなのかもしれない。

「血の涙を流しています」――浮気者の夫に詰め寄る鬼嫁

彼女が結婚したのは、父の紹介で知り合ったと思われる**藤原宣孝**《のぶたか》という遠縁の男性で、おそらく紫式部より20歳以上は年上だったと考えられる。しかも派手好きな宣孝には、すでに5人以上もの妻がいた。

紫式部がそんな宣孝と結婚する気になったのには、かなり現実的な理由があったらしい。

長徳2（996）年、父親の為時が約10年ぶりに国司の職を手に入れ、紫式部も父の任国・越前《えちぜん》（現在の福井県北部）での生活を始めたのだが、**雪深い北陸での暮らしがまったく性に合わなかった**ようだ。なんとか京都に戻る手段として、宣孝からのプロポーズに飛びついた紫式部は、父親を越前に置いてさっさと帰京してしまったのではないか。

紫式部は結婚前から宣孝と文をやりとりしていた。他に何人もの女性と関係している宣孝から一途さをアピールした文が届くと、気が強い彼女は「浮気者のくせに」という直球のツッコミを入れる。すると、彼からは「血の涙を流しています」との返事を書かれてしまうほどだった。彼女は**「社交辞令」が許せない**体質だったらしい。

また、結婚後も、昼時に彼女の屋敷を訪れようとした宣孝を拒絶した逸話もある。**当時の女性にとって、異性に明るいところで顔を見せることは、気恥ずかしい行為だからだが、相当に手強い鬼嫁だったようだ。**

結婚前後のエピソードで、のちに紫式部が「世界初の長編恋愛小説」である『源氏物語』の作者になることを匂わせるようなロマンティックなものは、ほとんど見当たらない。

そうこうするうち、長保3（1001）年に宣孝は紫式部との間に一人娘・賢子《けんし》を残して急死し、二人の結婚生活はわずか3年で終わってしまった。

紫式部が劇的に変わったのは、宣孝を失ってはじめて、**情愛というものに気づけた**部分が大きいのかもしれない。

生前の宣孝は、才女として知られた紫式部からの文を、他の妻たちに見せびらかすようなろくでもない男で、よき喧嘩相手くらいにしかならなかった。それでも子を生《な》すほどに親しくなった男性にこの世から去られた経験は、紫式部には存外に堪《こた》えたようだ。何かにつけて亡夫を思い出し、嘆きのあまり追悼歌も詠んだ（『紫式部集』）。『源氏物語』が書きはじめられた経緯も謎とはされるが、**夫の死の悲しみを創作で紛らわすことにした**のではないかと考えられる。

いじめがイヤで「いい人キャラ」を演ずる

紫式部は本質的に社交性が高くなく、他人とは仲良くなるまでは借りてきたネコのように物静かだった。そういう態度が周囲の女性たちから「人を見下している」と思われ、いじめられたこともあった。

寛弘《かんこう》２（１００５）年末と考えられる宮中への初出仕の際、彼女が仕えることになった藤原道長の長女・彰子と、他の女房（侍女）たちとのやりとりの中でも「事件」が起きたらしい。

年が明けてすぐ、傷心の紫式部は彰子に無断で自宅に帰ってしまい、半年ほどものの間、宮中からの手紙も無視して閉じこもってしまった。

すでに『源氏物語』の一部が宮中に出回っており、その作者として彼女が有名だったので、他の女房たちから嫉妬されたのもあるだろう。しかし、紫式部はよほど懲りたらしく、同性から嫌われないために、**対人用のキャラクターをつくり込んだ**結果、「おっとりしたいい人」といわれるようにはなった。

とはいえ、そういう紫式部の**表の顔が、毒舌家の裏の顔に変わる**ことはよくあった。紙と筆を与えれば、気に入らない人物について悪口だらけの文章を書いてしまうのだ。紫式部の二面性の犠牲となった一人が清少納言で、おそらく二人には面識などなかったのに「風流ぶっているだけ、知的ぶっているだけの底の浅い女」などと酷評されている（『紫式部日記』）。

その一方で、**美人というより、かわいらしいタイプの女性を前にすると、紫式部は鼻の下を伸ばした**。紫式部は、男性との恋愛より女性同士の関係を好んだとよくいわれるが、紫式部の女房時代のお気に入りの一人が、「宰相《さいしょう》の君《きみ》」というぽっちゃり美少女であった。

ある時、宰相の君が顔を隠しながら寝ているのを見つけた紫式部は、彼女が掛けぶとん代わりにしていた着物を衝動的に引き剝《は》がし、その顔をまじまじと見つめている。目を覚ました彼女の「照れて赤い顔がとてもかわいい」という感想が『紫式部日記』には書かれているのだが、なかなかに生々しい。

紫式部のもう一人のお気に入りは、「小少将《こしょうしょう》の君《きみ》」という女房で、彼女の「恥ずかしがり屋で子どもっぽい性格」がよかったらしい。彼女とはよく同室に寝泊まりし、他人を寄せ付けないほどの仲のよさを見せ付けていた。

二人の部屋を訪れた道長から「どちらかが知らない男を連れ込むようなことがあっても、驚かないようにね」と、からかわれてしまったことまである。しかし、紫式部は「彼女と私に秘密はない」と即答した。

「百合趣味」はカモフラージュだった⁉ 道長との関係は？

こうした彼女の態度から、道長と紫式部は男女の仲ではなかったと考える研究者もいるが、鎌倉時代に成立した『尊卑分脈《そんぴぶんみゃく》』という系図集には、紫式部のことが「道長妾《しょう》」として記されている。

そしてその道長との間に、紫式部が書いたと考えられる文章の中にほぼ唯一、なまめかしい印象の男女の逸話がある。**「ある夜更け、道長が紫式部の部屋を訪れて扉を叩いたが、彼女は彼を迎え入れなかった」**と要約できる内容だ。

深夜にこっそり訪問されるような仲なのに、本当に最後まで彼を拒絶したとは考えにくいので、紫式部と道長の間に何らかの関係はあったのだが、そこまで深い仲にはなりえなかっただけなのかもしれない。

藤原道長は紫式部について、さらに『源氏物語』についても日記（『御堂関白記』）ではまったく言及していないため、**紫式部が一方的に道長の「ファン」であった**可能性は高いだろう。

長身でたくましく、明るい性格の道長のそばには多くの女性たちがいた。源倫子、源明子《めいし》という二人の「正室」、一説に二人の「側室」、そして多数の「召人《めしうど》」と呼ばれる、つまみ食い中の女たち……。

そうした女性たちの間に、紫式部が踏み込む勇気があったかどうかである。おそらく、内弁慶な紫式部には非常にハードルが高い行為だったように思われてしまう。

紫式部は高雅な『源氏物語』作者としては、あまりに人間くさい女性だった。

2章

こんな露骨な「権力闘争」を後世に書き残せるわけがない　中世

……武士の世でマウントを取るために行なわれていたこと

「元祖・老害」？　北条政子

　鎌倉時代初期の武家社会において、女性の地位は低くはなかったとよく語られる。その時に念頭に置かれているのは、初代・鎌倉殿こと源頼朝《みなもとのよりとも》の正室（御台所《みだいどころ》）だった**北条政子《ほうじょうまさこ》**という巨大な存在だろう。

　武家社会においては、**当主の死後、正室が「後家《ごけ》役割」と呼ぶ大きな役割を演じる**ことが期待されていた。亡き夫の菩提《ぼだい》を弔《とむら》うだけでなく、夫が残した子どもたちを後見し、側室などがいれば、彼女たちの面倒もみるのが、未亡人となった後の正室の義務だったのだ。

　中でも亡夫に「子どもの誰それを自分の後継者とする」などの遺言があった場合、それを忠実に守っていくのが後家の使命だとされた。史実の北条政子もそうした「後家役割」を必死に果たそうとしていたと思われる。

夫・源頼朝も恐れたといわれる北条政子。
「怒れる女」になった、その理由とは――?

しかし、頼朝が亡くなり、頼朝と政子の間に生まれた頼家《よりいえ》が2代・鎌倉殿に就任した頃になると、万事につけて激情を迸《ほとばし》らせる「怒る女」政子に周囲はあきれ、倦《う》みはじめていたようだ。彼女による意思伝達の主たる手段は「論理」よりも「感情」で、端的にいえば激怒が多く、**すでに四十路に達していた政子は、周囲から早くも「老害」の扱いを受けはじめていた**らしい。

真っ当な意見を言っても、周囲は無視!?

政子には北条時房《ときふさ》という異母弟がいた。容姿端麗でコミュニケーション能力が高く、とくに歌道と蹴鞠《けまり》といった京都の王朝文化に秀でていた彼は、「上流志向」の強い頼家、そして3代・鎌倉殿になる実朝《さねとも》の兄弟から非常に重宝された。しかし、政子は息子たちの蹴鞠という都風の貴族趣味に不満の眼差しを向けており、事件が起きたその日も、頼家たちが蹴鞠に興じる様子をジッと監視していたらしい。

実はこの時の北条時房は、まだ「時連《ときつら》」という諱《いみな》を名乗っていた。諱というのは、武家や公家にとっては元服の際に与えられる、自分の「真実の名前」であって、「五郎」などの通り名以上に大事にされるべきものだった。

鎌倉幕府の準公式記録『吾妻鏡《あずまかがみ》』によると、建仁《けんにん》2（1202）年6月25日、頼家の御所で開かれた蹴鞠の会において、諱にまつわる大事件が起きた。

頼家や時房にとっては蹴鞠の師にあたる平知康《たいらのともやす》という人物が「酒狂の余り」、**時連は風雅な好人物であるのに、名前が悪いと言い出した**のだ。「時連」の諱は、当時の金銭の単位である「貫」を連想させ、下卑《げび》ているから改名したほうがよいと放言するだけではなく、上座の頼家にまで、将軍の正式な命令文書である「御教書《みぎょうしょ》」を発行して改名させろなどの軽口を叩いたという。

時連こと時房は、酒の席のことだと笑って過ごそうとしたのだが、政子のほうが怒《ど》髪天《はってん》を衝き、「失礼な平知康のような人間を、頼家やあなた（＝時房）のもとに置いてはおけない！」と人事介入を試みた。

正論ではあり、政子はそれも自分の「後家役割」だと思っていたのかもしれないが、**この時、周囲の誰もが彼女のアドバイスどおりには動かなかった。**どうやら彼女はこの手の命令を繰り返しすぎていたようだ。

政子の激怒はウヤムヤにされる中、時連は諱を「時房」に変えてしまった。『吾妻鏡』の同年9月10日の記録には、通り名の「五郎」を含む名乗りだが「北条五郎時房」として登場している。なぜ「房」の文字が選ばれたのか、詳しいことは何もわからない。ただ、政子の注意は、無視されてしまったということだけがはっきりとしている。

❖「嫉妬の怪物」はこうして生まれた！

それにしても怒りで周囲をコントロールしようという政子の悪癖については、それが**彼女の基本的な性格というより、身分違いの結婚が関係していたのではないか。**

史実の政子は「嫉妬の怪物」であった。若き日には頼朝の愛人・亀の前が住む家を御家人《ごけにん》に命じて潰させているし、自分以外の女性が産んだ頼朝の子を実質的に関東から追放したことなども知られている。

文治《ぶんじ》2（1186）年12月に、頼朝と大進局《だいしんのつぼね》という女性の間に生まれ、後に僧籍に入って貞暁《じょうぎょう》と呼ばれるようになった男子などは、乳母さえなかなか見つけられず、『吾妻鏡』においては「若公《わかぎみ》」とだけ表現されている。

頼朝の息子なのに名前さえ伝わっていないのは、さすがに異常を感じてしまう。要するに周囲が政子の顔色をうかがったからなのだが、そこまで配慮させるのは、やりすぎである。しかし、それが彼女なりの生存戦略でもあった。

当時の日本では僻地《へきち》に等しい伊豆の小豪族の娘にすぎない政子にとって、京都から下向してきた「貴種」である源頼朝は釣り合いが取れない夫だった。そのため、ことさらに彼女は激情家の「悪女」を演じざるをえなかったのではないか。

対等な家格の家同士で結婚をした女性が「室」と呼ばれるのに対し、高貴な男性と結ばれた身分違いの女性は「妾《しょう》」と呼ばれる。本来ならば政子などは、頼朝の「室」

すなわち御台所にはなりえない小豪族の娘だから、**自分よりも少しでも生まれ育ちがよい女性に頼朝の寵愛が移ると、立場を完全に失ってしまいかねない**のだ。

それゆえ、頼朝と他の女性が親しくなるたび、彼女は過剰なまでの嫉妬と対抗心を燃やしつづけたのだと考えられるし、その激しさゆえに、周囲は政子を腫《は》れ物扱いせざるをえなくなった。北条時連から時房への改名にまつわる『吾妻鏡』の逸話は、周囲がふだん、どのように政子に接していたかを物語る貴重な史料といえよう。

それとは対照的に、後世の創作物の中では、後鳥羽《ごとば》上皇から朝敵の汚名を着せられた鎌倉幕府のために「尼将軍《あましょうぐん》」政子が御家人たちを奮い立たせるべく、大演説を行なったというような話が出てくる。しかし、『吾妻鏡』には、政子はこの時、**御簾《みす》の中にいて側近の安達景盛《あだちかげもり》を近くに呼び、他の重臣たちに指示を出した**とあるだけだ。

政子が大軍勢に演説する姿が描かれたのは軍記物語『承久記《じょうきゅうき》』の記述が出典だが、逆に普段から激情家でありすぎた政子だからこそ、冷静に対応した時のほうが、皆が従わざるをえない迫力があったと読むべき箇所なのかもしれない。歴史の皮肉ともいうべきか。

源頼朝が企んだ「政略結婚」の末路

頼朝の長女・**大姫**《おおひめ》の名前は、婚約者だった源義高《よしたか》との伝説化された悲恋と共に今日でも有名かもしれない。しかし、大姫とは「長女」というような意味でしかなく、彼女の諱（本名）が後世に伝わることはなかった。

また、大姫が婚約していた源義高の名前も通説にすぎず、鎌倉幕府の準公式史である『吾妻鏡』には清水冠者《しみずのかじゃ》（「志水」の表記を使うケースもある）という通称で呼ばれていることのほうが多い。清水の名の由来は不明だが、「冠者」とは「元服したばかりの若者」という意味になる。

二人は一般に想像されるよりもはるかに年若く、源義高が父・義仲《よしなか》から頼朝のところに人質として送られたのは、彼がわずか11歳の時だった。**頼朝は義高を大姫と婚約**

させることで、義仲の機嫌を取ろうとした。これが寿永《じゅえい》2（1183）年の話である。

しかし、寿永3（1184）年1月、功を焦って京都の支配に失敗した義仲は、「宇治川の戦い」で頼朝が差し向けた追討軍によって敗れ、「粟津《あわづ》の戦い」で討ち死にしてしまった。

わが夫がわが父に殺される

その時、義高の身柄は鎌倉にあったが、いくら大姫の婚約者であっても、実父・義仲と義父・頼朝の軍事衝突は彼の立場を悪化させた。頼朝によって義高の命が狙われる中、『吾妻鏡』によると大姫は、義高の近習《きんじゅ》（側近）を替え玉にして寝所で寝ているように見せかけ、義高を女装させて鎌倉から逃がしたとされる。

わずか7、8歳の女の子の計画とは思えない周到さではあるが、義高は現在の埼玉県狭山市あたりで頼朝が差し向けた武者・藤内光澄《とうないみつずみ》の手によって捕らえられ、殺されてしまった。

義高に仕えていた近習たちは頼朝に反抗的な態度を見せたのに、罪を許されて御家人として取り立てられた。この程度が大姫に見せてやれる頼朝の最大限の寛容さだったのか。

しかし、**大姫は義高を父親の命で殺されたことによる悲しみと衝撃で心を病み、文字どおり「魂が消えた」**（『吾妻鏡』）**ような状態で寝込むことが増えてしまった。**

政子は頼朝を激しく非難し、頼朝は身内からの「突き上げ」にはめっぽう弱かったので、自分が義高の殺害を命じた張本人にもかかわらず、実行した藤内光澄を処刑し、さらし首にしてしまっている。

天皇と結婚すればハッピーエンド？

大姫は義高の死から、なんと約10年もの間、沐浴《もくよく》さえできない状態で寝込んでいたという。この時代の沐浴とは主に「蒸し風呂に入る」という意味で、身体の衛生を保つために身体を拭くとか、行水するなどとはまた少し別の目的がある。

建久《けんきゅう》5（1194）年、大姫が沐浴できるようになったという『吾妻鏡』の記述からは、彼女が自分の美しさを磨くことを意識できる程度には、病んだ心が回復した兆しが読み取れる。

大姫の復調を喜んだ頼朝と政子は、頼朝の甥にあたる一条高能《いちじょうたかよし》という人物との結婚を大姫に勧めてみたが、この時は「結婚を無理強いするなら入水自殺する」と大姫から猛反発を受けてしまった。

しかし早くもその翌年、建久6（1195）年には**大姫が頼朝と政子、そして弟たちと共に、鎌倉から京の都まで旅行した記録が出てくる。**

去る建久3（1192）年4月、後白河《ごしらかわ》法皇が崩御しており、頼朝はそれまで法皇に何度も要請しながらも与えられなかった征夷大将軍の位を朝廷に無理強いし、ついに手に入れていた。そして、かねてより夢想していた**天皇の外戚となって日本の政治を牛耳ろうという計画**を前に進めることにしたらしい。

病身の愛娘・大姫をともなっての家族での京都訪問は、彼女を後鳥羽天皇の后にすることで、ひいては大姫に天皇の皇子を産ませ、自分は天皇家の外戚として権力を握る計画の第一歩だった。

傍目《はため》には身勝手な父親に振り回されているだけの大姫だが、意外にもこんなおとぎ話のような計画に希望を抱いていたようでもある。**当時の物語の類《たぐ》いは、ヒロインの女性が天皇と結婚してハッピーエンドとする筋書きのものが多かったから、寝込んでいた時代も大姫はそういう書物に目を通していたのかもしれない。**

ただ客観的に見て、いくら源頼朝が清和源氏の名流の出身で、幼少期から後白河法皇やその姉の上西門院《じょうさいもんいん》と「懇意」だったにせよ、都の**公卿たちの姫を差し置き、東国生まれのわが娘を天皇に入内《じゅだい》させるというのは、なかなかの高望み**だといえる。

もらうものはもらって「手の平返し」

政治的な野望と愛娘を思う気持ちが、冷徹だったはずの頼朝の眼を曇らせてしまった。彼は朝廷関係者の中ではもっとも懇意にしていた九条兼実《くじょうかねざね》を裏切り、あろうことか兼実の政敵にあたり、時の天皇家に強い影響力を持っていた**丹後局《たんごのつぼね》**という女性に露骨な取り入りを試みた。

300両分もの砂金を収めた銀の箱などを大量に丹後局に贈った一方で、旧知の九条兼実には馬を2頭与えただけという露骨な手のひら返しをしている。

丹後局も頼朝と大姫を受け入れるそぶりを見せながらも、「東夷《とうい》」である頼朝たちの排斥運動を水面下で進め、大姫と後鳥羽天皇の結婚は丹後局の暗躍によって阻害されてしまった。日本の「楊貴妃《ようきひ》」と呼ばれていた丹後局の政治手腕は、頼朝などが太刀打ちできるレベルではなかったのだ。


入内が実現することのないまま半年ほどの京都滞在を終えた大姫は、鎌倉に戻った直後に体調を悪化させ、建久8（1197）年7月、20歳の若さで亡くなっている。

先述のとおり、大姫とは「長女」の意味で、彼女の本名ではない。もし、後鳥羽天皇との結婚が成立していれば、本名（諱）だけでも確実に記録に残されたのだろう。

これだけ数奇な運命に振り回されておきながら、そして功名心がなかったとはいえないにもかかわらず、無名のまま、ひっそり消えていかざるをえなかった大姫のような女性もいるのだ。

この大姫の死後も頼朝は野望をたぎらせ、次女・乙姫《おとひめ》を後鳥羽天皇に差し出そうと画策を続けた。今度は入内がほとんど決定したという時期に、乙姫が倒れ、京都から派遣されてきた「名医」によって診察された直後に亡くなってしまった。

医師を派遣した土御門通親《つちみかどみちちか》という公卿は、丹後局の協力者だった。どう見ても陰謀じみている。

朝廷と天皇の権勢をわがものにせんと画策した……と考えられる武将は、室町幕府3代将軍・足利義満《あしかがよしみつ》（125ページ）以前にも当然いたわけだが、その都度、水際で排斥されたということでもある。実に興味深い。

迷信に振り回されていた「鎌倉殿の13人」の中心人物・北条義時

『吾妻鏡』では普段から無口で、無愛想な人物として描かれている**北条義時《よしとき》**。姉の政子と共に、京都のかしこき血筋に連なる清和源氏の将軍家に依存するのではなく、北条家を頂点とする臣下の武士たちの手で鎌倉幕府の実権を握り、本当の意味での**日本史上初の武家政権の樹立に貢献した**とされる。

後世のわれわれはそんな義時のことを「非情のリアリスト」だと思いがちではあるが、史実の義時は意外にも繊細すぎる男だった。

建保《けんぽう》6（1218）年7月、『吾妻鏡』によると、義時は鎌倉殿の御所にも近い大倉の地に、薬師如来《やくしにょらい》を祀《まつ》った薬師堂を建てると宣言した。後鳥羽上皇から実朝が左大将に任官された頃で、**本当ならその儀式の準備で幕府内が慌ただしい時期であったに**

もかかわらず、義時は「寺を建てる」などと悠長なことを言い出したのだ。しかしそんなところにこそ、北条義時という人物の迷信深さが表われているように思えてならない。

なぜ義時は突然、「寺を建てたい」と言い出したのか

薬師堂建立宣言の約1カ月前の同年6月、義時は奇妙な夢を見た。薬師如来をお護《まも》りする十二神将《じゅうにしんしょう》の一柱《ひとはしら》として知られる戌神将《じゅつしんしょう》が彼の枕元に立ち、こう告げたのだ。

「今回の源実朝の儀式は無事に済んだが、来年に予定されている実朝の右大臣拝賀の儀式には参列してはならない」

それゆえ、**義時は薬師堂を建て、薬師如来と戌神将を含む十二神将の像をつくらせて堂内に安置し、自身の安全を祈願せずにはいられなくなった**のである。

薬師堂建立宣言から約半年後の建保7（1219）年1月、**右大臣拝賀の儀式において、本当に源実朝は暗殺されてしまった。**義時がこの夢を実朝に告げようとした形

跡は見当たらず、当日も「気分が悪い」と理由をつけて儀式から退出していたので、創作物の中では義時が、目の上のたんこぶである実朝を、人を介して暗殺しようと企てていたなどと語られる。

しかし実際は、義時が突然発表した薬師堂建立計画が、異母弟の時房や息子の泰時《やすとき》たちの反対を押し切り、多大なる私財をなげうってまで強行されたこと自体が、義時による実朝への呪詛《じゅそ》だった可能性がある。完成までにかかった期間は約5カ月で、落成は実朝の右大臣拝賀の儀式が行なわれる前月、つまり建保6年12月だったところにも、なんらかの怪しさが感じられる気はする。

北条義時の夢でお告げをし、
命を救ったとされる「戌神将」

『吾妻鏡』によると、義時は実朝の右大臣拝賀の儀式に剣持役《けんもちやく》として参加したものの、八幡宮の楼門に到着した際、「俄《にわか》に心神御違《い》例《れい》の事有り」——気分が突然、ものすごく悪くなってしまったと言って剣持役を源仲章《なかあきら》に譲り、八幡宮内で少し休憩してから自邸に戻った。源仲章もこの夜、実朝と同時に暗殺されてしまっている。

後世のわれわれは謀略家の義時が、後鳥羽上皇の腹心でもあった源仲章を実朝と同時に始末しようとしていたのではないか……などと勘ぐってしまうのだが、『吾妻鏡』は、**義時は神仏に守られていただけ**と主張したいようだ。

まさにお告げどおり！　戌の刻に「白い戌神」が現われて……

鎌倉2代将軍の頼家（源頼朝・政子の長男）は後家人たちの争いから追放・殺害され、弟の実朝が3代将軍となっていた。

『吾妻鏡』によると、実朝を襲った頼家の次男・公暁《くぎょう》は、実朝こそが父・頼家の宿敵であると信じ、実朝だけでなく、北条義時も殺害する予定だった。しかし、剣持役を義時から譲られたことが原因となり、仲章は義時だと勘違いされ、公暁たちから殺害されてしまったという理屈である。

京都方の史料である『愚管抄《ぐかんしょう》』の中でも、仲章は義時と勘違いされて殺されたという記述があるので興味深い。

自分の身代わりになって、実朝だけでなく仲章まで死んでくれたことは、義時のたぐいまれな強運の証《あか》しだろう。だが、義時が体調不良を起こした時間が午後8時頃――**「戌《いぬ》の刻《こく》」**で、その時、**彼の目に白い戌神《じゅつしん》の姿が見えてしまった**ことが突然の体調悪化の原因だったともいう。

まさにその時刻、義時が建立した薬師堂内から戌神将の像の姿が消えていたとする『梅松論《ばいしょうろん》』という書物まである。さすがに『梅松論』は南北朝時代に成立した史料だから、史実だといえないのだが、**かつて見た夢のお告げを意識しすぎて本当に病気になってしまう義時は、この時代の「標準」以上に迷信深い人物だったとはいえる。**

湯殿に落雷、そして正室が見た「猿の夢」――祟りか、神のご加護か？

そんな義時が、政治上の宿敵とはいえ、当時でも「現人神《あらひとがみ》」として畏怖の対象だった京都の天皇家を率いる後鳥羽上皇に弓引くことになったのは運命の皮肉といえよう。

祟《たた》りが怖くないはずがなく、彼が「承久の乱」をどのように乗り切ったのか、疑問に思わないだろうか。

義時自身は鎌倉に残って、弟の時房、息子の泰時らを京都に派遣し、「敵が上皇、もしくは天皇が遣わした兵であったところで、宮様方が直々に戦場まで出御なさっていない限りは打ち破れ！」と命令した。

しかし、幕府軍が上皇の兵を打ち破った報せが鎌倉に届きはじめた頃の「承久3（1221）年6月8日**戌の刻**」、義時の館の湯殿に落雷があって使用人一人が死亡した事件が起きた時には、恐れおののいたと伝えられる（『吾妻鏡』）。


承久の乱の戦後でさえも義時の惑乱は続いた。正室だった伊賀の方から、日吉明神《ひよしみようじん》の使いである神猿《まさる》に髪の毛を摑《つか》まれた夢を見たと聞いた義時は恐怖し（『吾妻鏡』「承久三年閏十月二十九日条」）、祝部成茂《はふりべのなりもち》という上皇軍に味方した疑いが濃厚な人物をろくに詮議《せんぎ》もせず、無罪放免してしまった。

祝部成茂は「日吉社」（日吉大社）の「禰宜《ねぎ》」（神官）だったからだ。こういう方面の知識が豊富であったのであろう義時は、「猿の夢を見た」という伊賀の方の発言を深読みしすぎて、神猿の怒りを感じ取ってしまったのではないだろうか。

いちおう当時の幕府のブレーンだった大江広元《おおえのひろもと》に相談してからの行動だったにせよ、畠山重忠《はたけやましげただ》や比企能員《ひきよしかず》など、鎌倉幕府内の他の実力者を次々と冷徹に粛清していったのと同じ人物の言動とは信じ難いものがある。

祝部にとってはまさに「神のご加護」だったのだろうが、現代人の常識で古い時代の出来事を読み解くことはできないという好例のような気がする。

摩訶不思議！ 源実朝が立てた「渡航計画」の謎

建暦《けんりゃく》3（1213）年5月、夏の鎌倉を騒がせた和田義盛《わだよしもり》の反乱は、のちに**「和田合戦」**と呼ばれ、鎌倉幕府史上最大の内乱として、後世まで語り継がれることになった。

首謀者・**和田義盛は、時の3代鎌倉将軍・源実朝の寵臣**だった。しかし、この年の2月、あろうことか実朝を将軍の座から引きずり降ろそうというクーデターに、和田義盛の義直《よしなお》、義重《よししげ》という二人の息子、そして甥の胤長《たねなが》という複数の身内が参加していたのである。

御家人の名門・和田一族は、すでに政治的には北条家から圧倒される一方で、今回のクーデター未遂事件の沙汰も、執権（将軍補佐役）・北条義時が実朝に代わって下した。和田義盛の息子たちは、父親の勲功《くんこう》に免じて無罪放免されたが、甥の胤長だけはどうしても赦免《しゃめん》を得られず、和田一族に同情的だった実朝も義時に言いくるめられてしまった。

義時は引っ立てられていく和田胤長の姿を一族に晒《さら》すなどして煽《あお》り、彼らからの「北条憎し」の声が抑えきれなくなった同年5月2日、和田と北条の抗争が鎌倉を舞台に勃発したのである。

❖「源氏将軍の正統は終わる」という終末予言

実朝はなかなか和田義盛の討伐命令を出そうとしなかったが、ついに義時の圧力に折れたのが乱勃発の翌日だった。和田と北条との間の諍《いさか》いは、雪崩込んできた鎌倉の御家人たちの手で和田側が一方的に討ち取られるという凄惨《せいさん》な終わりを迎えた。そして勝者となった**北条義時には、将軍でさえ意見しづらくなるという体制が整った**のである。

実朝には京都から迎えた御台所（出家後の通称は西八条禅尼《にしはちじょうぜんに》）がいたが、子どもはおらず、遠からぬ未来に後継者問題が浮上してくるのは目に見えていた。幕府のブレーンだった大江広元は、「治世を安定させるべく、世継ぎをもうけるべきだ」と実朝に進言したが、この時の彼の返答は驚くべき内容を含んでいた。

「源氏の正統この時に縮まり畢《おは》んぬ。子孫敢へてこれを相継ぐべからず」（『吾妻鏡』）

——**「自分には子どもをつくることができないから、父・頼朝以来の源氏将軍の正統は終わるだろう。遠縁の源氏の子孫を連れてきて継承させることもしてはならない」という終末の予言だった**のである。

実朝には実に不思議な能力があった。

『吾妻鏡』には頻繁《ひんぱん》に「夢告《むこく》」で未来を予言し適中させた、という記事が出てくるし、「和田合戦」勃発の約1カ月前にも、実朝は偶然見かけた二人の武士が近い将来、敵と味方に分かれ、両名とも戦死するだろうと予言していた。『吾妻鏡』、建暦3（1213）年4月7日の記録である。

また、名歌人・藤原定家《ふじわらのさだいえ》の弟子でもあった実朝の歌を集めた『金槐和歌集《きんかいわかしゅう》』にも、都の貴族のように花鳥風月を詠んだ歌に混じって、龍神に雨を止めてくださいと祈って成功した時の歌や、神仏に懺悔《ざんげ》した時の歌など、スピリチュアルな歌も収録されている。

「前世はあなた様の弟子だった」

そんな実朝だったから、建保4（1216）年、上方から鎌倉幕府を訪ねてきた陳《ちん》和卿《なけい》という客人と対面し、**「当将軍に於いては、権化《ごんげ》**（高僧を敬って呼ぶ言葉）**の再誕なり」**と滂沱《ぼうだ》の涙を流されても驚くことはなかった。

陳和卿によると、将軍・源実朝の前世は、宋の阿育王寺《あいくおうじ》（現在の中国・浙江省《せっこうしょう》寧波《ねいは》市）の高僧で、「前世の私はあなた様の弟子だった」という（阿育王とは、仏教を保護したことで有名なインド・マウリヤ朝のアショーカ王の漢名である）。

実朝は陳和卿に応えるように、「建暦元（1211）年6月3日の丑《うし》の刻」（午前2時）という具体的な日時を挙げながら、**「私もあなたと同じ内容の夢を見ていたのだが、これまで誰にも言ったことはなかった」**と発言した。

もちろん本当のことかはわからないが、実朝は陳和卿というよき理解者を得て、北条義時に支配された現在の鎌倉幕府からやっと逃げ出せると感じていたのかもしれない。
『吾妻鏡』において、陳和卿は「東大寺の大仏をつくれる宋人なり」と紹介されているが、実際の彼は職人たちを率いて、主に宗教建築に取り組む建築家的存在だった。その技量は、天竺《てんじく》（インド）において工芸・建築を司る神「毘首羯磨《びしゆかつま》」にたとえられるほどだったという。

実朝はこの陳和卿を見込んで巨額の費用を投じ、巨大な船をつくらせ、それで海を渡って中国の阿育王寺を訪問するという途方もないことを言い出した。

実朝はこの阿育王寺に保管されているお釈迦《しやか》様のお骨、つまり**「仏舎利《ぶつしやり》」**の一部を自らの手で鎌倉に持ち帰り、幕府の権威をさらに高めようとしていたとも伝えられる。

当時、**仏舎利は持ち主の運命の吉凶を体現し、それ自体が増えたり減ったりすると考えられていた**。霊的な存在である仏舎利はそれ自体が信仰の対象で、寺院が秘蔵するだけでなく、その時だけでも後白河院や九条兼実、そして実朝の父・源頼朝などが個人で所有していたというし、本当は実朝も仏舎利をすでに持っていたという。

『吾妻鏡』の建暦2（1212）年の記述によれば、実朝は、自身の祈禱僧《きとうそう》にして、メンターでもあった栄西《えいさい》から「仏舎利三粒」を譲り受けていたそうだ（ちなみに栄西によると、実朝は『西遊記』で有名な玄奘《げんじょう》三蔵法師の生まれ変わりだったらしい）。

それでも**実朝がわざわざ中国渡航を試みたのは、仏教信仰を隠れ蓑《みの》に、反・義時、反・北条家の派閥の長となるべく、野心をたぎらせていたからではないかと感じられてならない。**

将軍を支える2代執権という肩書はともかく、臣下の分際をはるかに超えて政治に口出ししてくる北条義時と、その一族を退《しりぞ》ける手がかりをなんとかつくろうとしていたのではないだろうか。

完成した巨大な船の顚末

実朝の渡航計画に、義時は（意外にも）猛反対したが、実朝は渡宋にあたって同行者60人を選出した。どう見ても反・義時派を集合させている行為だったといえる。

しかし――、陳和卿の手で「唐船」は完成したのだが、建保5（1217）年4月17日、由比ヶ浜《ゆいがはま》で進水式を執り行なった際、船は数百人が見守る中でまともに進水すらできぬままに座礁《ざしょう》してしまった。その後も、浜辺で朽ち果ててゆくだけの巨体を晒しつづけた。実朝の野望は無惨な終わりを迎えたのだ。

こうして見れば、謎の人物・陳和卿は鎌倉幕府の分裂と、将軍の権威低下を目的として、京都の後鳥羽上皇から派遣された刺客だったのかもしれない。陳和卿のその後を語る史料が存在しないのも不気味だが、義時に粛清されてしまったのではないか。

いずれにせよ、「源氏の正統この時に縮まり畢んぬ」という自らの予言に抵抗するかのような政治的な動きを見せた実朝ではあったが、結局、彼に見えていた終末に抗《あらが》うことはできなかったようだ。

後醍醐天皇が手を出した「危険な賭け」

元弘《げんこう》3（1333）年、鎌倉幕府を倒した**後醍醐《ごだいご》天皇**は、「朕《ちん》が新儀は未来の先例」――私がこれから行なう「建武《けんむ》の新政」は先例なきものだが、未来の人々はきっとこの政治を、理想の先例として振り返ることになると言い放った（『梅松論』）。しかし、その自信も虚しく、公家と武家の区別なき天皇中心の政治を理想に掲げた「建武の新政」は国内に混乱を招いただけで、2年半という短期間で終了してしまった。

後醍醐天皇の退位も画策される中、なんと天皇は京都の御所から三種の神器を持ち逃げし、予定されていた光明《こうみょう》天皇の即位の妨害を試みるなど、猛抵抗を続けた。

それでも、ともに鎌倉幕府を倒し、室町幕府の初代将軍となった足利尊氏《たかうじ》の説得によって後醍醐天皇には、**三種の神器の返還と引き換えに「太上天皇《だいじょう》」という高いステイタスの称号が授与される**ことになった。

正統な天皇の即位に不可欠の三種の神器なしに、足利尊氏の意向でとりあえず即位させられた光明天皇と、その兄宮・光厳《こうごん》上皇よりも、後醍醐天皇が持つことになった太上天皇の称号のほうがステイタスとしては高い。

ところが、**後醍醐天皇が返してきた三種の神器が偽物《にせもの》であることが判明する**（『続《ぞく》史愚抄《しぐしょう》』）。こうして日本には、**自分こそが「正統」だと主張する二人の天皇が京都（北朝）と吉野の地（南朝）に並び立つという異常事態となってしまった。**

❖南北朝の敵も味方も超えた「怨霊」の力

後醍醐天皇がなりふり構わず帝位に執着すればするほど、彼個人だけでなく「天皇」という存在からカリスマ性が失われ、人心も離れていったことがわかる。

古来から「天皇」が秘めていた「聖性」のすべてを破壊し尽くしたともいえる後醍醐天皇ではあるのだが、南朝暦・延元《えんげん》4（北朝では暦応《りゃくおう》2〈1339〉）年8月16日、その崩御を伝え聞いた日本中から嘆きの声が溢《あふ》れた。

後醍醐天皇率いる南朝の中心人物だった北畠親房《きたばたけちかふさ》は、最愛の嫡男・顕家《あきいえ》の戦死を聞いても淡々とした態度を崩さなかったが、天皇の死に際しては**「老いの泪《なみだ》もかきあえねば、筆の跡さえとどこほりぬ」**（『神皇正統記《じんのうしょうとうき》』）――「後醍醐帝の崩御を知った老いた私の目は涙で溢れ返り、ものも書けないくらいです」と言っている。

また、後醍醐天皇を京から離れた吉野に押し込めてしまった張本人の足利尊氏でさえ、天皇の死を多いに嘆いて見せた。尊氏は、後醍醐天皇の没後百カ日の節目の供養を等持院《とうじいん》と南禅寺で盛大に執り行なっている。

その時の追悼願文において、尊氏は自らを天皇の弟子と呼び、「温柔の叡旨《えいし》なほ耳の底に留まり、恋慕の愁腸《しゅうちょう》なほ心端に尽くしがたし」（『金沢文庫古文書』）とまで発言している。

「後醍醐天皇の温かなお声はいまなお私の耳の奥に響いているようで、そのお人柄を恋い慕う私にとっては、この度の御崩御がまことに耐え難く」云々《うんぬん》……と意訳できるだろうか。

史実の尊氏は感受性豊かな直情型で、なにかにつけて涙を流したと伝えられるが、それでも「恋慕の愁腸」という表現は、天皇のための「追悼願文」という文章形式を考慮しても行きすぎている気がする。

なぜ、亡くなるまで吉野の山奥に放置していた後醍醐天皇の死を、政治的立場を超え、当時の世間は哀悼したのだろうか？　その答えは**「後醍醐天皇の怨霊《おんりょう》が怖かった」**に尽きるようだ。

天皇自ら手がけた「呪法」

後醍醐天皇は、その父・後宇多《ごうだ》法皇同様、密教に傾倒し、様々な名僧を師として修行を重ねた末、呪詛調伏《ちょうぶく》の儀式なども自身の手で執り行なえるだけの技術を得ていた。**後醍醐天皇はかつて鎌倉幕府を討ち滅ぼさんとして、足掛け4年にわたって自らの手で鎌倉幕府を呪ったことまである**という。

天皇は、中宮・西園寺禧子《さいおんじきし》の懐妊と安産のための祈禱を多くの寺院に依頼し、それは嘉暦《かりゃく》元（1326）年6月に開始された（『御産御祈目録《おさんおいのりもくろく》』）。

『増鏡《ますかがみ》』によると、比叡山《ひえいざん》、三井寺《みいでら》、興福寺《こうふくじ》などで様々な儀式が執り行なわれる中、天皇自身も熱心に護摩《ごま》を焚《た》いた。

足掛け4年も鎌倉幕府を呪詛していたという後醍醐天皇。
密教に傾倒し、呪詛調伏の技術を身につけていた

これが3年余りに及んだが、中宮が懐妊することはなく、諸寺が儀式を取りやめていく中、天皇だけは祈禱を続けたそうだ。

それが**「聖天宮《しょうてんぐう》」**という儀式で、たしかに平安時代の昔から安産祈願として貴族の屋敷や宮中でも執り行なわれた儀式ではあるのだが、**「悪人悪行速疾退散《あくにんあくぎょうそくしつたいさん》」――つまり宿敵を速やかに退ける効果の著しい呪法でもあった**のだ。

要するに後醍醐天皇は豊富な密教の知識を援用し、中宮の懐妊安産祈願を隠れ蓑に鎌倉幕府の呪詛調伏を有力寺院にも行なわせていたのである。依頼主である天皇に許可を取った形跡もないのに、比叡山や三井寺がいつしか儀式を取りやめていたのは、後醍醐天皇の真の目的を察したからだろう。

なぜ、鎌倉幕府はそこまで天皇から恨まれていたのだろうか。それには当時の皇室の特異な即位の掟《おきて》が関係していた。

後醍醐天皇は、鎌倉幕府の定めた法によって「一代の主」、あなたに皇子が生まれても、その子は帝位にはつけませんよ、と約束させられていた**一代限りの帝《みかど》にすぎなかった**のである。

❖凄腕の「シャーマン」としての後醍醐天皇

南北朝に朝廷が分裂する以前も、皇室内には後深草《ごふかくさ》天皇の子孫による**「持明院統《じみょういんとう》」**と、亀山《かめやま》天皇の子孫による**「大覚寺統《だいかくじとう》」**という二つの派閥があって、**鎌倉幕府は両者が争わないで済むよう、順番に天皇を出してくださいというお触れを出していた。**

これが「両統迭立《りょうとうてつりつ》」の原則で、「大覚寺統」に属する後醍醐天皇の後は、「持明院統」からしかるべき皇子の即位が決まっていたのだが、後醍醐天皇はすべてを了承して即位したにもかかわらず、現実を拒絶したくなったようだ。

だからこそ、そういうルールを課してきた鎌倉幕府など滅びてしまえ……というのが、例の呪詛調伏騒ぎの発端だったのである。

なんとも壮大なようで、身勝手な話ではあるのだが、実際に祈禱が効いたらしく、足利尊氏などの協力者も得られたし、鎌倉幕府を滅亡に追い込んでいる。

しかし、先述のとおり、後醍醐天皇はそこで始まった「建武の新政」を切り盛りできるだけの政治手腕の持ち主ではなかった。

政治家としては三流でも、**後醍醐天皇が凄腕のシャーマンだったのは事実だから、当時の人々はその崩御を大げさなまでの言葉で嘆き、天皇の遺徳を忍ばざるをえなくなったのだろう。**

その後、**北朝で少しでも何か悪いことがあれば、それはすべて後醍醐天皇の怨霊のせい**にされたという。しかし、とくにこれといった事件は起きぬまま、約２００年にもわたって天皇の仏事は続けられた。

室町幕府10代将軍・足利義稙《よしたね》の時代まで、8月16日の天皇の忌日に「後醍醐院聖《せい》忌《き》」の法要が営まれた記録はあるが、いよいよ世が乱れていく中で、いつしか忘れさられてしまったようだ。

足利義満はいったい何を画策していたのか？

3代室町将軍・**足利義満**には、後円融《ごえんゆう》天皇と後小松《ごこまつ》天皇という2代の天皇に熱心にお仕えした記録が残されている。その義満が**天皇家の乗っ取りを画策していた**という説には、どの程度の史実性があるのだろうか。

結論からいえば、具体的な計画の存在が実証されているわけではなく、義満の行動が、結果的に天皇家にとって脅威だったという意味が後付けされたにすぎないようだ。

筆者にいわせれば、足利義満は、**「忠臣」たらんと精一杯頑張ったにもかかわらず、悪評を浴びせられつづける日本史有数の不幸な人物**だった。

義満にとって、彼と同い年で、従兄弟《いとこ》でもあった後円融天皇との不仲は致命的であったようだ。また皮肉なことにその傷を深くしたのは、「忠臣」義満が後円融天皇との関係改善に努力しつづけたことであったように思われる。

❖ 天皇と義満の「従兄弟同士」という深くて難しい関係

延文《えんぶん》3（1358）年8月22日、足利義満は、2代室町将軍・義詮《よしあきら》を父に、そして紀良子《きのりようし》を母に誕生した。そのわずか4カ月後の12月12日、のちの後円融天皇こと緒仁《おひと》親王が、後光厳《ごこうごん》天皇の第二皇子として誕生なさった。

後円融天皇の母は時の左大臣の娘・広橋仲子《ひろはしちゅうし》だとされるが、生まれた時の彼女の名前は紀仲子だった。つまり**仲子は義満の母・良子と実の姉妹だった**のだ。

ここで緒仁親王に奇跡が起きた。通常なら、母親の実家に相当な政治力と経済力がなければ、天皇の皇子に生まれても皇太子には選ばれない。普通なら候補にすら挙がらないだろう。しかし、神職の娘を母に持つ緒仁親王が皇太子になれたのは、**従兄弟が足利義満だったから**だ。

14世紀の日本の朝廷は、吉野の南朝と京都の北朝に引き裂かれ、度重なる戦乱の末、天皇の即位費用の捻出すら難しかった。そこで室町幕府が介入し、京都の「土倉《どそう》」

（高利貸し）や「酒屋」（酒造業者）などの業者に特別税をかけた末に、即位用の予算が確保されるという始末だった。

また**朝廷の衰えは、権威の象徴でもあった朝廷儀礼の途絶にも象徴されており、天皇が呼びかけても公家がろくに儀式に参加しないというひどい有様だった。**

そんな朝廷にとって、足利義満ほど頼れる人物はいなかった。前関白で、この手の儀礼を司る知識――いわゆる有職故実《ゆうそくこじつ》に通じた二条良基《にじようよしもと》という大学者に、義満は青年時代から師事していた。そのため、儀礼の複雑な工程もすんなりと記憶し、人前でなめらかに披露することに大きな喜びを感じていたという。

儀式マニアの義満は、「内弁《ないべん》」（儀礼の責任者）として様々な朝廷儀礼を執り行なった。「光源氏の再来」ともいわれたほどに義満は美形だったたし、彼の手際を一目見んと公家たちは儀式にも来るようになった。後には**義満の儀礼への情熱が公家たちにも伝播《でんぱ》し、「廷臣総動員」といわれるほどに朝廷儀礼は復活を遂げていった。**

これがもし義満ではなく、後円融天皇の先導であったのなら、すべては丸く収まっていたはずである。しかし、不幸なことに後円融天皇は、義満ほど儀礼の復興に熱心な御仁ではなかった。

以降、武家なのに公家よりも公家風、それどころか天皇よりも天皇風にさえなってしまった義満と、後円融天皇の衝突がいたるところで見られるようになる。

人と人の対立はこんなところから始まる

康暦《こうりゃく》2（1380）年、義満は笙《しょう》という雅楽器を携えて参内《さんだい》した。南北朝末期の当時、北朝の中でも、天皇家は後光厳流と崇光《すこう》流の二派閥に分かれており、それぞれに嗜《たしな》むべき楽器までが決められていた。

そういうすべてを決定するのが有職故実なのだが、後光厳流の帝・後円融天皇に仕える義満は自身が笙を演奏するだけでなく、後円融天皇にも笙を勧めるべくやってきたのである。

しかし、その日の天皇は笙を手に取ることさえせず、先客たちとの酒宴をだらだらと続け、義満はあからさまに不満そうな様子を見せていた。

そんな義満は自身を「逆臣」どころか「忠臣」と考えていたことは間違いない気がするし、実際、北朝の中でさえ血筋の問題で分裂気味の天皇家の中で、幕府の援助で即位できたような後円融天皇が威光を回復するには、**普段からの生活態度で「この方こそ帝王にふさわしい」と周囲を納得させる必要があった**のも事実だろう。

しかし、**逆に後円融天皇としてみれば、義満のような優等生で、しかも同い年の従兄弟が身近にいて、自分より帝王じみたふるまいをするのがたまらなく不快だったはずである。**

そのうえ義満は室町幕府将軍として、朝廷の人事にも口を挟《はさ》んできた。これが「武《ぶ》家執奏《けしっそう》」といわれる彼の仕事でもあったわけだが、後円融天皇は当然のように面白くなく、しかし明確な抵抗もできず、承認を遅らせ、それに勤勉な義満が怒るというような衝突を繰り返した。

ついに永徳《えいとく》2（1382）年、後円融天皇は退位し、彼の皇子が後小松天皇として即位した。後円融上皇の誕生だが、実際の院政は後小松天皇の父宮・後円融上皇ではなく、**義満と彼にやけになついてしまった後小松天皇との間で行なわれた。**

「死のケガレ」をあえて浴びてまでも……

蚊帳《かや》の外の後円融上皇は、自分の子どもを妊娠中で実家に里帰りしていた三条厳子《さんじょうたかこ》にもう愛されていないのではないか、厳子のお腹の子や、後小松天皇の本当の父親は義満ではないかと疑いはじめてしまった。

永徳3（1383）年2月、朝廷に戻ってきた厳子のもとを訪ねた後円融上皇は突然彼女に刀の峰打ちを食らわせ、怪我《けが》をさせると、持仏堂に立てこもって「私は切腹する」などと言い出した。

義満に流罪にされると思い込んでいたからだが、ここで義満が気を利かせ、後円融上皇の母・仲子を連れてきたので、ようやく説得できたという困った事件が起きてしまった。まるで2時間ドラマの立てこもり事件解決劇のようではないか。

カリスマの点で義満に惨敗したまま、失意の後円融上皇は、明徳《めいとく》4（1393）年、36歳の若さで崩御しているが、当時、左大臣だった義満は先例を破り、上皇の葬列に供奉《ぐぶ》している。本来、現役の大臣は「死のケガレ」を浴びて政務に差しさわりが出ることがふさわしくないので、参加しないのだが……。

優等生で丁寧で、常に「忠臣」たらんとする義満には、サイコパスめいた何かを感じなくもない。後円融上皇は義満のそういうところに追い込まれてしまったのではないだろうか。

銀閣寺を建てた将軍・義政の歴史的毒親「日野重子」

京都を焼き尽くした「応仁《おうにん》の乱」。時の室町将軍は8代・**足利義政《よしまさ》**だったが、この時でさえ無為無策どころか、徹底した無関心を貫いたことで知られる。

3代将軍・義満が造営開始して以来、将軍家は「花の御所」こと「室町第《てい》」を主邸としていたが、応仁元（1467）年10月3日から4日にかけ、御所と敷地が隣接している相国寺《しょうこくじ》において「相国寺合戦」が繰り広げられた。

これは応仁の乱における最大の激戦だったといわれ、大炎上した相国寺からは黒煙が立ちのぼり、火の粉が花の御所にも降りかかってきたので、御所の女房たちは逃げ惑った。

しかし、義政と寵臣たちは**「少しも御驚きなく、常の御気色《みけしき》にて御酒宴等も有しと也」**（『応仁広記』）——まったく怯《ひる》まず、普段どおりに酒を酌《く》み交わしていたと伝えられる。およそ尋常な感性の持ち主ではない。

そんなはずではなかったのに、あれよあれよと「8代将軍」に

浪費家で意志薄弱な足利義政の悪名は、彼の御台所（正室）だった日野富子《ひのとみこ》の「守銭奴」ぶりと重ね合わされて語られることが多い。それは富子の影響というより、義政の生まれ持った弱い部分が助長され、徹底的にダメになるように周囲――とりわけ**母親の意向で育て上げられてしまった結果**と考えたほうがよさそうだ。

義政の生母・日野重子《しげこ》は、正式な身分こそ6代将軍・義教《よしのり》の側室だった。しかし、公私共に「専制君主」として恐れられていた義教は、嘉吉《かきつ》元（1441）年、播磨《はりま》（現在の兵庫県南西部）・備前《びぜん》（現在の岡山県東南部）・美作《みまさか》（現在の岡山県北東部）の守護大名だった赤松満祐《あかまつみつすけ》のクーデターで絶命してしまう。

衝撃の事件ではあったが、重子とその息子たちに運が向いてきた。重子の姉・宗子《むねこ》は、義教の最初の御台所（正室）だったが、二人は不仲でのちに離婚している。継室《けいしつ》

（二人目の御台所）の正親町三条尹子《おおぎまちさんじょうただこ》は義教から熱愛されていたが、彼の死後はすぐに出家し、権力争いから身を引いた。

それゆえ、本来ならば正室が果たすべき「後家役割」が重子に回ってきたようだ。

重子が産んだ男子二人のうち、兄にあたる義勝《よしかつ》（幼名・千也茶丸《せんやちゃまる》）が8歳で7代将軍となったが、わずか2年後に夭逝《ようせい》している。弟で、僧になる予定だった義政（幼名・三寅《みとら》、のちに三春《みはる》）が8代将軍になれたのは、本当に運命のいたずらのようなものだった。

✿凶暴なリーダーに手を焼いていた者たちが望んだ次のトップ

万事に武張《ぶば》った6代将軍・**義教の凶暴性に手を焼いていた幕府重臣、そして重子は義政の教育方針を文化の方面に特化した**と見える。義政には多くの乳母が与えられた。

当時、乳母には2種類あった。生母の代わりにお乳を与える乳母だけでなく、思春期に差し掛かった貴人に様々な知識を授ける女教師も乳母と呼ばれたのだ。そして、乳母の授業には性教育と、その実地訓練も含まれていたのである。

義政がのめり込んだのは、彼が10歳の時に乳母となり、後には側室にもなった今参局《いままいりのつぼね》（生年不詳）という武家出身の女性である。乳母といっても10歳ほど年上にすぎなかったという。これも日野重子の意向だったのだろう。

義教の暴虐に悩まされてきた重子には、義政が亡き父・義教のように、女につらく当たる粗雑な男にならないことこそが第一の希望だったのではないか。

しかし、**義政の教育は失敗だった。粗雑ではないが主体性がなく、美しいものを愛《め》でることしか知らず、御簾の内側で女性と情事を重ねるだけの男に成長してしまったのである。**

文安《ぶんあん》5（1448）年の地震と飢饉《ききん》のさなかですら、彼は四季折々の草木や花々を障子に描かせて悦に入っていた。義政が将軍位を正式に継いだのはその翌年、つまり文安6（1449）年、14歳の時だった。

すでにその頃の重子は、義政からの熱愛を傘にきた今参局をコントロールできなくなっていたと思われる。宝徳《ほうとく》3（1451）年、今参局にいわれるがまま、今参局の指図で、地方の大名の人事にまで介入した義政を重子が文書で批判する事件が起きた。

しかし、重子の「正論」は無視され、怒った重子は嵯峨の寺にこもってしまったのだ。この時だけは、母親から捨てられたくない義政が折れ、重子の意見を取り入れた。その後も主体性ゼロの義政は、今参局のいうことばかりを主に聞いていた。

ダメダメ将軍がいたから銀閣寺ができた!?

康正《こうしょう》元（１４５５）年正月、都に御今《おいま》（今参局）、有馬《ありま》（持家《もちいえ》）、烏丸《からすまる》（資任《すけとう》）という三人の男女の肖像画が張り出され、**「昨今の政治の低迷は、この三人の〝魔〟から生まれている」**と批判する文書が添えられていた。しかし、犯人はなぜか見つからなかった。

その後、重子の姪にあたる**日野富子**が、義政の御台所となるべく嫁いできたのが、この年の8月である。しかし、義政の寵愛は今参局と、他にも複数いた側室に向かうばかりで、富子が最初の子を懐妊するまでには4年もの月日がかかった。

しかも長禄《ちょうろく》３（１４５９）年、富子は男子を出産したが、その子は当日中に絶命するという痛ましい結果に終わった。ほぼ死産といえるが、この時、**「今参局に赤子が呪殺された」**という風説が何者かの手で流された。

庇《かば》いきれなくなった義政の判断で、琵琶湖に浮かぶ近江《おうみ》沖島《おきしま》への今参局の配流（流罪）が決定したが、彼女は刑の執行を待たず、切腹して果てた。また、今参局の自害の翌月、すでに義政との間にそれぞれが娘を授かっていた4人の側室たちもすべて将軍の御所から追放されている。今参局による呪詛に協力したという罪を着せられたからだ。

結果だけ見れば、富子は死産したが、それを理由にライバルの女たちを一掃することに成功したので、彼女をこの「クーデター」の主犯として考えることもできる。

しかし、彼女の単独計画にしては、お産で激しく心身を消耗した直後にもかかわらず、行動が早すぎる。それにライバルが消えたところで、富子に義政の愛情が向かうとは考えにくい。

ゆえに**風説を流して今参局を自害に追い込み、他の4人の側室も一気に排斥した黒幕は、やはり日野重子だと考えたほうが妥当だろう。**望んだとおりに育たなかった義政の身辺をリセットしたくなった重子の決断に乗る形で、富子は協力した程度だったのではないかと思われる。

室町幕府8代将軍・足利義政。
様々な偶然が重なって将軍の座についたが……

しかし、女性関係を整理したところで、義政は相変わらずのダメ人間だった。

寛正《かんしょう》2（1461）年、西日本全体を襲った大飢饉のさなかにも飢え苦しむ民を無視し、当時、彼が好んで居住していた「万里小路殿《までのこうじどの》」という屋敷に理想の庭をつくろうとした。さらには重子が「女人禁制の西芳寺《さいほうじ》の美しい庭が見たい」と言ったとかで、母孝行のために、西芳寺の名石名木を移築した庭を持つ高倉御所の造営にも取り掛かった。

こうした義政の所業を時の帝・後花園《ごはなぞの》天皇が漢詩で諫《いさ》めた事件が起きたという（『新撰長禄寛正記《しんせんちょうろくかんしょうき》』）。それでも義政は工事を一時中断させただけで、また別の庭園造営に取り掛かっている。

造園熱は義政の最晩年にいたるまで持続し、後の「東山山荘《ひがしやまさんそう》」こと銀閣寺などに結実していく。彼の「庭狂い」は貧民救済のための公共事業だったとする説があるが、本質的には公共事業の名を借りただけの趣味活動で、重子も義政のそういう性分を母親として受け入れてしまっていたようだ。

この事件からは義政という愚かな息子と同じくらい、重子も愚かな母であり、今参局とその一派と目される側室たちを義政の周辺から追放させたのは、**もう一度、わが子をわが手で独占したいという一念**だったように思われてならない。

重子は寛正4（1463）年に53歳で亡くなった。不自然なまでに死の前後の情報は欠落しているが、富子が義政の「悪妻」として、存在感を増していくのはまた別の話である。その後の室町幕府には義政のようにまともに機能しない将軍が相次ぎ、さらなる衰退をたどった。

3章

さすがあの武将、あくどさのスケールもけた違い！

……金と力を手にするためにここまでやる

戦国

「人は城」と言いつつ〝重税の鬼〟だった武田信玄

「人は城、人は石垣、人は堀、情けは味方、仇《あだ》は敵なり」

この「名言」は、**武田信玄**《たけだしんげん》の人徳を後世に伝えるものだとよくいわれる。とくに「人材こそ、国を守るための宝である」と意訳しうる前半部分は、身分と時代を超えて敬愛された武田信玄という武将の人柄を伝えてやまないとされる。

しかし残念ながら、これは本当は言っていない確率のほうが高い「ウソ名言」である。同じように美事美談で塗り固められた名君としての武田信玄像を崩壊させかねないのが、史料とその行間に見られる信玄のマネー観なのだった。

大永元《だいえい》（1521）年、武田信玄こと武田晴信《はるのぶ》は、甲斐国《かいのくに》（現在の山梨県）を代々統治する名門守護大名の家に生まれた。「信玄」とは、晴信が39歳で出家した後の法

戦国武将の中でも屈指の人気を誇る武田信玄。
実は資金繰りに弱く、金の悩みを抱えていた

名「徳栄軒《とくえいけん》信玄」の一部なのだが、わかりやすさを重視し、本項では信玄の名で呼ぶことにする。

最強武将・信玄が抱えていた致命的弱点とは

甲斐国の領土拡大により敵対した越後《えちご》（現在の新潟県）の上杉謙信《うえすぎけんしん》、侮《あなど》りがたい新興勢力である尾張《おわり》（現在の愛知県西部）の織田信長など、多くのライバル大名との間に数多《あまた》の戦を経験した信玄だったが、彼らからは「戦国時代最強の武将」として恐れられていたという。しかし、**信玄には致命的な弱点があった。資金繰りの不安、つまり金の悩みである。**

たしかに武田家は、室町幕府有数の名門武家ではあった。また、その領土は信玄の最盛期には100万石に相当するほど膨《ふく》れ上がっていた。

しかし、それは通常の土地であれば期待できる米の収穫量の話であって、武田家本領である甲斐国およびその周辺の土地は概して貧しく荒れており、普通に農作を行なっても他地域ほどの収穫が期待できなかったのだ。

甲斐国の甲府盆地には笛吹川《ふえふきがわ》と釜無川《かまなしがわ》という二つの川が流れていたので、農業自体は行なえるのだが、この二つの川が実によく氾濫した。

天文《てんぶん》9(1540)年、甲斐を襲った大嵐のせいで国中の河川が氾濫し、「鳥獣は皆死に、(財源である)大きな木も流されて一本もなくなった」(『甲陽軍鑑《こうようぐんかん》』)。また、その翌年にも深刻な飢饉《ききん》が襲った。毎年のように存亡の危機に襲われていたのである。

❖「武田騎馬軍」が強かった理由

信玄が父・武田信虎《のぶとら》を追放し、若き当主として武田家のトップに立ったのはこの時期だった。しかし、信虎を追放後、やはり信玄も父親と同じ政策に頼ることになった。

それは**増税につぐ増税、もっというと実にケチくさい増税路線**である。

父・信虎の時代には**「棟別銭《むねべつせん》」**と呼ばれる税が採用されていた。これは現代でいえば固定資産税に相当するが、家族の数や、家屋の数などによって細かく課され、その年の農作物の出来不出来にかかわらず、定額で収めなければならなかった。

しかも武田家が人民に課した「棟別銭」の税額は全国平均より約2倍も高かった。全国平均50~100文程度のところ、甲斐国の「棟別銭」は200文もした（1貫=1石=現代の10万円、そして1貫=1000文として考えると、約2万円程度）。

さらに天文20（1551）年、天文23（1554）年など、甲斐国の庶民全員に**「過料銭」**という罰金刑を一律で課すことを繰り返し、国中を嘆かせた（『妙法寺記』）。

過料銭とは喧嘩など軽犯罪のペナルティとして、お金をお上《かみ》に納めることで、罪が免除されるという類《たぐ》いの罰金なのだが、**生きているだけで罰金徴収**とは悪政の極みで「恐ろしい」の一言である。

しかも「逃亡、あるいは死去する者が出ても（他人が）すみやかに（その者の未払い税を）弁済しなさい」「他の郷へ家屋を移す者がいれば（夜逃げなどする者がいれば）、追って棟別銭を徴収しなさい」（以上、『甲陽軍鑑』より意訳）などと、**死んで**

も逃げても税の支払いだけは免れないという鬼の取り立て制度まで用意されていたのだ。

これらは江戸時代に戦国時代の武田家、とくに武田信玄の遺徳を偲《しの》ぶ目的で編集された『甲陽軍鑑』という書物にさえ出てくる情報なので、本当はさらに苛烈《かれつ》であった可能性もある。**「戦国最強」と謳《うた》われた武田の騎馬武者などは、これらの増税によって維持されていたのだから、なんともほろ苦い。**

❖ 将の器も「カネ」しだい!?

信玄が人民の納めた血税を戦やその支度、そして土木工事などに費やすのであれば、いたしかたない。しかし信玄には明らかに問題の出費があった。少なからぬ額を領内の多くの寺社――つまり**宗教関係に気前よくバラ撒きすぎていたのだ。**

かなりのスピリチュアル好きの信玄は、**判兵庫《ばんのひょうご》**という陰陽師を「邪《よこしま》な心根が一つもない」などと見込んで約15年もの間、寵愛しつづけた。その間、彼に支払った総額はなんと1500貫文、現代の金額にして約1・5億円にもなっていた。

判は信玄から望まれるがままに上杉謙信に呪いをかけるべく、護摩《ごま》を焚《た》いて祈禱《きとう》を繰り返したが、本来の護摩行とは密教系の僧侶が行なうべき術で、陰陽師の仕事には含まれない。

そもそも陰陽師は戦国時代にはかなり衰退してしまっていた職業で、「安倍晴明《あべのせいめい》の子孫」を名乗る判兵庫はどこまでも怪しく、彼の呪詛《じゅそ》に効果などなかった。役に立たない判兵庫は「彗星の出現」を理由に引退宣言をしているが、おそらく本心としては信玄から愛想をつかされ、武田の家臣から誅殺《ちゅうさつ》される前に甲斐国から逃げ出したかったのだろう。

元亀《げんき》3（1572）年10月3日、武田信玄は室町幕府15代将軍・足利義昭《あしかがよしあき》による「織田信長討伐令」に応えて甲斐国を発ち、京都に向かおうとしていたといわれる。しかしその途上で、一説には末期ガンを疑われる病で亡くなってしまった。

信玄がもう少し長生きしたら「天下」を獲れていたのかどうか、歴史ファンの間ではよく話題になるテーマではある。仮に信玄が「天下」を目指し、それに成功していたところで、権力を保つことができたかは、彼の「お金の使い方」を見る限り、難しかったといわざるをえない気はする。

「人は城、人は石垣、人は堀」という武田信玄の名言が本当に彼の言葉であったとしても、それは信玄にとって、**人民こそが彼を守ってくれるセーフティネット**というくらいの意味しかなさそうだからだ。

江戸時代以降、武田信玄など、なぜか人気が高い人物は「名君」として祭り上げられていく傾向が強い。その結果、都合のよいエピソードが盛られ、本当の人物像はわかりにくくなる。しかしお金に関する史料を掘り出すことができれば、そのメッキはもろくも剝《は》がれてしまうのだ。

明智光秀の恐ろしい資金調達力

明智光秀《あけちみつひで》はその知名度に反して、謎が多い。家系、生年はおろか、織田信長に仕えるまでの経歴さえよくわかっておらず、そもそも「本能寺の変」で信長に謀反《むほん》を企てた理由も現在にいたるまで明らかにされていない。

しかし、信長は光秀を高く評価していた。それは**光秀の資金調達能力が家中でもずば抜けており、織田家への貢献度が高かった**からだろう。

戦国大名の生命線は資金繰りである。領国の統治も言い換えれば、経営であるし、戦一つするにも大金がかかる。

常に膨大な金を必要としている信長のため、光秀は資金調達をこなす一方で、自分の配下の者たちからは搾取《さくしゅ》していた。社長にいい顔をして見せたいがために自分の部下にはキツくあたるような、ブラックじみたベンチャー企業の中間管理職のようなことをして、光秀は信長に気に入られたようなものだった。光秀が仕事を依頼した目下の者たちへの金の支払い方を見ていれば、彼の実像は一目瞭然である。

現在でも明智光秀の城として有名な丹波亀山城を築く際、光秀から110人の作業員に支払われた「俸給」——米の支給量は、当時、**同様の仕事を請け負った際に支払われる量の平均を25%も下回っていた。**

光秀のモチベーションを掻き立てた「ごほうび」

歴史創作物の中では、清廉潔白な人物像を与えられがちな明智光秀と、マネー観を通じて見る史実の明智光秀の人物像には真逆といえる部分がある。

創作物の中で光秀は常識を兼ね備えた知識人として、風雲児・織田信長の横暴に悩むキャラを与えられがちだが、元亀2(1571)年9月12日の「延暦寺焼き討ち《えんりやくじ》」の責任者に抜擢《ばってき》されると、史実の光秀はひどく乗り気になっていた。

「仰木《おおぎ》のことはぜひともなで斬りにつかまつるべく候《そうろう》」、つまり**延暦寺に味方する不**

埒な仰木家などは皆殺しにしてしまえ！　などという光秀の手紙が残されているので言い訳はできない（元亀2〈1571〉年9月2日付の明智光秀から雄琴《おごと》〈現在の滋賀県大津市にある地域〉の土豪・和田《わだ》秀純《ひでずみ》に宛てた書状）。

また、イエズス会の宣教師ルイス・フロイスからは、光秀は「悪魔とその偶像の大いなる友」と評されていた。この文脈でフロイスがいう「悪魔」とは仏教や神道の意味だが、光秀の信仰心は富の誘惑の前には霧散したらしい。本当の意味で「悪魔の友」といわれてもいたしかたない。

ここまで光秀がやる気になっている理由は、延暦寺攻め成功の暁には、延暦寺がある近江国《おうみのくに》（現在の滋賀県全域）を領土として与えられる約束を信長と交わしていたからだ。それは巨額の富を光秀にもたらすだろう、実に魅力的な取り引きだった。

❖ 神も仏も怖くない、金だけがほしい

やる気満々の明智光秀を中心とした織田軍だったが、実際は「雲霞《うんか》の如《ごと》く（煙をあ

げて比叡山の寺院を）焼き払い」、当地は「目も当てられぬ有様」となって「数千の屍算《しかばねさん》を乱し」……といった太田牛一《おおたぎゅういち》による『信長公記《しんちょうこうき》』**の記述ほどの破壊は行なわなかったらしい。**

比叡山が大量の煙に包まれている様子が、京都市中からも眺めることができたという証言が複数あるが、比叡山の多くの建物が実際に燃えたという地質調査の結果は今日まで見つかっていない。

おそらくは寺の建物を燃やすより、用意しておいた薪《たきぎ》を大量に燃やすなどして煙を発生させ、恐怖心を煽《おあ》り立てるという心理攻撃を明智軍は用いたのではないか。

これほどまでの規模で正面切っての攻撃を受けたことがない比叡山はパニックに陥り、即座に降伏してきたと考えるほうがよさそうだ。戦は長引くほどに経費がかさむため、早いうちに降伏してくれて、光秀としては本当にラッキーだった。

約束どおり、**信長から近江国の支配権を与えられた光秀は、領内の延暦寺以外の寺院の領地・財産をことごとく没収し、それを私財に回すという鬼の所業を見せた。**要するに延暦寺に優しかったのは、織田信長の名声を傷つけないための配慮であって、光秀本人は神も仏も怖くない、金だけがほしいというタイプだったと思《おぼ》しい。

信長が頭髪の薄くなってきた光秀をからかって、「金柑頭《きんかんあたま》」などと馬鹿にしたといった手合いの逸話はすべて江戸時代に創作されたもので、光秀だけでなく、**信長が家臣たちにパワハラ、モラハラを具体的に仕掛けたという証拠は何も残されていない。**

それゆえ光秀が信長に謀反を企てる理由といえば、やはり金に関するトラブルであったのではないかと筆者は考える。本能寺の変の直後に光秀が取った行動を見ていても、それは明らかだろう。晩年の信長は常に金欠だったようだから、光秀が立て替えた金の支払いなども遅れていたのだろうか。

❖「人間は皆、金で動く」――わけがない

光秀は、京都から安土《あづち》に向かい、信長の居城だった安土城に乗り込むと、そこに蓄えられていた莫大な金銀財宝をおのれのものとした。

ここまでは当時の勝者にとって一般的な行為なのだが、宣教師のルイス・フロイス

の証言が正確であれば、**光秀はこれを元手に実力者たちに会いに行き、自分の味方をするよう、現代日本の貨幣価値で何億〜何十億円規模の異常なバラ撒きを敢行した。**

とくにこれと見込んだ武将には「金の棒で7000クルザードを与えられた者も幾人かいた」という。

当時の1クルザード＝0・232両、そして当時の1両＝10万円として計算した場合、なんと1億6240万円となる。通常でもその半分程度の3000〜4000クルザードを奮発したらしい。

さらに朝廷にも2万クルザード（＝4640両、つまり現代の4億6400万円）を献金している（以上、フロイス『日本史』）。

光秀と親交があった公家で神道家の吉田兼見《よしだかねみ》によると、朝廷への献金額は「銀500枚」にとどまったが、戦国当時は銀1枚＝金1両なので、それでも5000万円ということか。

また光秀は、京都の庶民たちにも減税政策を打ち出した。明智光秀という男は徹頭徹尾、**「人間は金で動く」という処世訓の持ち主**であったようだ。

「夢を語れない大将」の最期

たしかに戦国時代の日本人は、今日以上にタダでは動いてくれない。

中国地方の敵対勢力を攻めていた秀吉が、京都まで常識外れのスピードで引き返すには、2万の部下たちの協力が必要で、この時の秀吉も部下たちに臨時ボーナスを支給している。つまり秀吉も兵たちの忠義を「買う」ためにバラ撒きをしたのだ。

2万の兵たちに1日休息日を設け、備中《びっちゅう》高松城攻めのための備蓄の兵粮米《ひょうろうまい》8・5万石と軍資金の金子《きんす》800枚、銀子《ぎんす》750貫目などをすべて彼らに臨時ボーナスとして支給した。これは現在の貨幣価値で一人105万円ほどにあたる。

これらの数字は江戸時代初期に秀吉を賛美する目的で書かれた『川角太閤記《かわすみたいこうき》』に見られるもので、これでも多めにしている可能性はある。

しかし、重要人物一人あたり1億円超えのバラマキをした光秀に比べると、規模は小さい。

ところが、秀吉のようになぜか人から慕われるという才能がない明智光秀の天下は非常にもろく、その最期は悲惨だった。

俗にいう「十日天下」（実際は11日）ののち、中国地方からとんぼ帰りしてきた秀吉と、天正《てんしょう》10（1582）年6月13日の「山崎の戦い」で対峙した光秀だが、あっという間に敗戦してしまった。

光秀は「莫大の黄金を（逃亡に協力してくれた農民たちに）与《あた》ふるを約し」たにもかかわらず、逃亡途中に農民たちから襲われ、槍《やり》で突かれて絶命したのである（『耶《や》蘇《そ》会士《かいし》日本通信』1583年2月13日）。

織田家の資金調達係として有能だった光秀には「信長の財産は、この私がつくってやったのだ」という驕《おご》りが強く、そういうところが「天下人」にはふさわしくないと世間に判断されてしまったのだろうか。

夢を語れない大将などは必要とされないのだ。明智光秀という男はあまりにリアリストすぎたのかもしれない。

掘れば掘るほど湧き出す「信長の野望」

もっとも評価していたはずの部下・明智光秀から裏切られ、「本能寺の変」で無念の死を遂げた**織田信長**。それゆえ、重臣から謀反を受けてしまうほど、恐れられ、憎まれていた人物というイメージが強いが、領主としての信長は優秀で、領民からの人気も上々だったようだ。残された史料から織田信長のマネー観を探ると、信長名君説は正しかったといえる。

信長は、戦のたびに増税につぐ増税を領土の人民たちに課した武田信玄とは真逆の姿勢を取った。信長は税金の免除を断行したのだ。

天正10（1582）年、信長は信玄亡き後の甲斐国に侵攻した。武田信玄の子・勝《かつ》頼《より》が信長によって討ち取られると、信長は武田家旧領を河尻秀隆《かわじりひでたか》、森長可《もりながよし》らに分け与えた。

この時、織田信長流支配マニュアルともいうべき注意書を、信長は部下たちに渡している。

❖「信長人気」をつくり上げたマニュアル

信長は**「百姓前（＝農民）からは年貢以外は過分な税の徴収をしてはならない」という武田時代とは正反対の徴税を行なうように**堅く命じたのだ。これは、武田時代のように米の毎年の穫れ高によって払う年貢以外の税金を、農民たちからむしり取ってはいけないと諭《さと》しているのである。

また、**「関役所、駒《こま》の口《ぐち》において税を課してはならない」**とも命令している。「関役所」とは関所のことで、通常ならば通行税が徴収されていたが、これが交易のさまたげになりかねないので、信長は無料にすると決めた。

関所を廃した戦国大名は信長だけで、それほど関所というのは領主に利益をもたらす場所ではあったのだが、信長は人民や物資の流通を止めてしまいかねない可能性を強く危惧したのだ。

「駒の口」とは、商売人が荷物運びなどのために連れてきた馬や、その積み荷を検分すると称し、数の多さに乗じて税を課していた場所のことだが、そこにも課税してはならないと信長は厳命した。

当時の農民たちは、領主に支払う年貢以外にも、地元の有力者たちや、領土が隣接する別の国の領主などにさえ、さらなる年貢支払いを要求されていた。この悪習も信長は廃止している。つまり織田信長は領民たちに対して、

「経済的に弱い立場に立たされがちな大多数の農民を守り、その支持を得る」

「領主に対する反乱を企てがちな中間層＝地元の有力者を、経済的な観点からも牽制《けんせい》して弱体化させる」

という二点の重要な支配原則を打ち出したのである。

もちろん、産業育成政策として、非課税で商売できるという「楽市楽座《らくいちらくざ》」の制度を信長も採用したことはよく知られているが、人民だけでなく、領主にとっても生命線であるお金に対するセンスの鋭さは、「名君」信長の何よりの証明であろう。

そもそも農民は人口の大部分を占め、米をはじめ毎年の作物の穫れ高は一目瞭然な

ので、課税しやすい。ゆえに農民からいかに搾《しぼ》り取るかばかりを考えがちな他の大名家に対し、ここまでスマートにふるまえる信長には、**祖父の代から築き上げた財力の後ろ盾と、それによって培《つちか》われた金銭感覚**があった。

信長の祖父にあたる織田信定《おだのぶさだ》は、尾張西部の川湊・津島湊の利権を手中に収め、その貿易を通じて、織田家は急速に資金を蓄えていった。ある時期までの信長のスマートなふるまいは、父祖の代からの財産に守られた富裕層特有の「余裕」あってのことだったのだ。

信長がこれほど「自腹」が切れたワケ

永禄《えいろく》11（1568）年9月26日、織田信長は経済力を持たず、同時に権力を失っていたのちの室町幕府15代将軍・足利義昭を奉じて京都に入っている。

その後、信長は天皇家や朝廷に多額の献金を通じて媚《こび》を売り、「天下取り」に向かってコマを進めたといわれるのだが、この頃から、盤石《ばんじゃく》と思われた信長の経済力に異変が起きていたことが、彼のマネー観の変化から透けて見える。

時の帝《みかど》・正親町《おおぎまち》天皇の皇子である誠仁《さねひと》親王の元服費用として、信長は300貫の大金を献金している。当時の交換レートだと1貫＝2石で、1石＝現代の10万円として計算したら、親王の成人祝として約6000万円がプレゼントされたのだ。

しかし……**信長が持ってきたお金は「悪銭」だった**。つまり額面だけは300貫だったが、価値はその数分の一程度しかなく、親王の即位式用の装束を準備させた商人への支払いに使おうとしたところ、受け取りを拒否されたほどだった。

それでも巨額の献金ではあるが、悪銭しか用意できなかった背景には当時の信長が2万貫ともいわれる巨額を京都への上洛費用に使い切り、その後も京都の朝廷の歓心を買うために御所の壁の修理代金などの土木工事をすべて自腹で行なったことにあった。

もちろん自腹といっても、すべてを自分の懐から出したわけではない。**信長は寺社仏閣に対してかなり冷淡**で、奈良の法隆寺からは1000貫文（約2億円）、滋賀の石山本願寺からは5000貫文（約10億円）などと大寺院から巨額を搾り取っていた。寺に寄進する大名はいるが、信長はその逆を試みたのだ。

商人たちが自治する商業都市も、信長には搾取のターゲットだった。堺の町には

「矢銭《やせん》」（軍資金）と称し、なんと2万貫文——つまり約40億円規模もの献金を求め、本当に支払わせている。堺にたかる以前、商業都市・尼崎《あまがさき》からも奪い取ろうとしたが、拒絶されたので焼き討ちにしてしまった話が堺には伝わっていたようだ。**庶民には甘いぶん、富裕層からはむしり取るのが信長流なのである。**

このようにして得た利益を信長は、京都の朝廷関係者の懐柔費用にあてようとしたのだが、天皇家はじめ彼らを取り込むにはそれでも金が足りなかった。信長の野望を満たすために必要な資金は、天文学的な数字に膨れ上がっていたといってよい。

✿資金繰りに苦しみ、出した結果の「七か条の法令」

資金繰りでつまずいた信長は、**金貨より銀貨のレートを意図的に高くする内容を含む七か条の法令**を永禄12（1569）年3月16日の日付で京都に発布した。これはいわゆるインサイダー取引であって、現在なら確実に違法である。

さらにその5カ月後には、但馬《たじま》（現在の兵庫県北部）の生野《いくの》銀山《ぎんざん》の支配権を、武力によって手に入れることに成功した。しかし、それまで生野銀山の権利を握っていた領主たちの抵抗が根強く、手っ取り早く稼がねばならないという信長の欲望は数年先まで満たされることがなかった。

信長は、戦を重ね、出世するほどにさらなる野望実現に取り憑《つ》かれ、それに必要な膨大な経費の補充ができないほどになり、その焦りがやがて明智光秀などのような家中最大の稼ぎ頭たちとの反目につながっていったのではないか。

信長の栄華は金によってつくられ、そして瞬く間に崩壊してしまったのである。

信長の正室・濃姫の「恐妻」レポート

織田信長の御台所《みだいどころ》（正室）の名前を一説に**帰蝶**《きちょう》という。正確には**濃姫**《のうひめ》の幼名が帰蝶ともいうし、本当は「胡蝶《こちょう》」だったとも最近ではいわれるようになった。そのすべてに史実性はないそうだが、本項ではわかりやすさを重視し、彼女のことは帰蝶と呼ぶことにしよう。

さすが戦国大名の娘

天文4（1535）年、帰蝶は美濃《みの》（現在の岐阜県南部）の戦国大名、**斎藤道三**《さいとうどうさん》**の娘**として生まれ、天文18（1549）年の春、数え年15歳の時、尾張の織田信長のもとに嫁ぐことになった。

当時、16歳だった信長は「うつけ者」として有名で、信頼性が高いとされる太田牛一による『信長公記』の記述では、髷《まげ》を茶筅《ちゃせん》のような形に結って、赤や萌黄《もえぎ》の糸で巻き付けていたという。

そして、現在でいえば浴衣に相当する湯帷子《ゆかたびら》、さらに通常より丈が短い半袴《はんばかま》を着用し、素肌もあらわな信長は、誰かと歩く時はまるでその者に寄り掛かるように、あるいは彼の肩からぶらさがっているようにして歩いたという。お付きの者たちも異様な風体で、その婆娑羅《ばさら》ぶりはとても高い身分の持ち主には見えなかった。

それゆえ、斎藤道三は嫁ぐ娘に懐剣《かいけん》を手渡し、**「本当に織田信長がうつけ者であったなら、これで刺し殺して帰ってこい！」**などと物騒なことを告げた。**するとこの娘も娘で、「わかりました。しかし、この懐剣がいつしか父上を刺す日がくるかもしれません」と返してきた**ので、斎藤道三は「よくぞ言った！　さすがはわが娘じゃ！」と喜んだという「伝説」まである。まさに戦国の父娘だが、江戸時代につくられた逸話がもとになっており、史実性はない。

❖ 嫁の実家をめぐる争い

帰蝶が嫁いだ後の斎藤家は不穏だった。斎藤道三は、形だけの嫡男・義龍《よしたつ》との折り合いがとにかく悪かったから、それならば義理の息子の信長に美濃国を与えるほうがマシだと考えていた。

弘治《こうじ》２（１５５６）年、道三と義龍父子は武力対決するしかなくなったが、それに先駆けて道三は**「信長に美濃国を譲る」**と記した遺言書を「児《ちご》」に宛てて送った。

「児」とは出家して仏門に入っていた実子の日覚《にっかく》か日饒《にちじょう》であろうとされるが、彼らを還俗《げんぞく》させるよりも、義息の信長に継がせるというのは、それほど信長の実力を買っていたということか。道三の遺言書については、軍記物語『江濃記《ごうのうき》』に引用されて有名だが、京都の妙覚寺《みょうかくじ》などにも写しが残されている。

この年の「長良川《ながらがわ》の戦い」において義龍は道三を討ち死にさせたが、そのわずか５年後、自分も33歳（もしくは35歳）の若さで病死した。美濃国は義龍の子・龍興《たつおき》が14

歳の若さで継承したが、彼も20歳の時、美濃国に侵攻してきた信長を避けて国外に逃亡していった。

夫・信長の暴言を許さなかった妻

龍興を追い出し、名実ともに美濃国を引き継いだ信長だが、義龍未亡人に「義龍が持っていたはずの壺がどうしてもほしいから献上せよ」と迫っている。

「壺は戦の混乱に紛れて消えた」というのが義龍未亡人からの回答だったが、さらに信長はしつこく「本当は隠しているのだろう」と迫った。すると義龍未亡人が怒ってしまい、**「それ以上、壺を出せと私を責めるのなら自害する」**とまで宣言した。

その言葉に信長も逆ギレして、「お前だけでなく、帰蝶やその兄弟姉妹全員、16人すべて割腹して死ね！」などと乱暴なことを言ってしまった。

すべては京都の公家・山科言継《やましなときつぐ》の日記『言継卿記《ときつぐきょうき》』、永禄12（1569）年7月27日に出てくる一節である。

信長の暴言を許しがたいと感じた帰蝶は、他の斎藤家の家臣たちと結託し、信長に

猛抗議を試みたので、さすがの信長も自分が間違っていたと認めざるをえなくなったという。

それからしばらくした8月1日、信長は帰蝶の生母・小見《おみ》の方《かた》の屋敷まで「お礼をしに行った」という記述も『言継卿記』には出てくる。この時、信長は交流があった山科言継を、小見の方の屋敷の門前まで同道させたのだ。詳細は不明だが、小見の方が激怒する帰蝶と信長の間を仲介してくれたと考えられる。

小見の方には、「私が壺ほしさのあまりひどいことを言い出して、家中を乱して申し訳ありませんでした。この度は帰蝶との間に入ってくださり、ありがとうございました」などの謝罪をせずにはいられなくなったからだろう。しかし、コミュニケーション下手な信長がどの程度、自分の口から話せたかは不明である。

これらのエピソードから推測するに、やはり帰蝶は本当に気が強い女性で、信長が相手でも**自分が正しいと信じたことはまったく譲らずに主張する性格**だったことがわかる。しかし、二人の夫婦仲を表わした信頼性が高い史料の記述はこれだけだ。

それ以降も**帰蝶の存在は信長関係の信頼できる史料には登場しない**。それゆえ信長が気の強い帰蝶に疲れて距離を置くようになり、別居もしくは離縁となったのではないか……という推論もできる。

その一方で、気が利かない信長を母親のもとに謝りに行かせたのは他ならぬ帰蝶だろうし、信長も帰蝶の提案を受け入れているほどなのだから、帰蝶を重視し、気にかけていたとも読めるのではないか。

なんとなくだが、後者のような気はする。このように史料に名前が出てこない「謎の女」でありつづけた帰蝶だが、信長の正室として、彼が亡くなるまで添い遂げたのではないだろうか。

近年の研究成果として、織田家ゆかりの京都の寺・総見院《そうけんいん》の織田家墓所の見取り図や、織田家の過去帳にあたる「泰巌相公縁会名簿《たいがんしょうこうえんかいめいぼ》」などの史料から、本能寺の変から30年たった慶長《けいちょう》17（1612）年7月9日に亡くなり、**「養華《ようか》院殿《いんでん》要津《ようしん》妙玄《みょうげん》大姉《だいし》」**の法名を持つ「信長公御台」と書かれた女性が、帰蝶なのではないかという説が出されている。

織田、豊臣、徳川と「天下」が移り変わっていく様子をどのように彼女は見ていたのだろうか。

秀吉の本性が表われた、信じられない「当て付け」

豊臣秀吉には数々の側室との逸話があるが、彼から望まれれば、皆、嬉々として側室となってくれたのだろうか。小柄で痩せて、髭《ひげ》が薄い秀吉は、当時の美的感覚ではけっして風采のよい男性とはいえなかったが、「天下人」という肩書は何よりの媚薬たりえたのだろうか。

そんなはずはなく、やはり秀吉が権力任せに、女性を手に入れようとした形跡は史書の随所に見られ、モラハラ・パワハラも何度も発生していたようである。中でも、**蒲生氏郷《がもううじさと》の未亡人**から、長年にわたる片思いをすげなく拒絶された秀吉による報復を描いた『改正三河後風土記《かいせいみかわごふどき》』の逸話は興味深い。

蒲生氏郷の未亡人とは、**織田信長の次女として生まれた氏名不詳の女性のこと**で、一説に**冬姫**と呼ばれてきた。彼女をその名で呼ぶのは史料の誤読だとされるが、今回は読者の理解しやすさを重んじ、冬姫の呼称を採用する。

❖秀吉の「お嬢様好き」

永禄12（1569）年、冬姫は12歳の若さで蒲生家の嫡男・氏郷のもとに嫁いだ。この時、氏郷はまだ14歳だったが、結婚の直前に迎えた初陣での活躍を信長から褒《ほ》め讃《たた》えられ、「只者にては有るべからず」（『蒲生氏郷記』）と評された織田家中の若きホープだった。冬姫を与えられたのも、信長からの高い期待あってのことだと思われる。

しかし、冬姫はすでに秀吉から見初められていたらしい。**農民出身である秀吉はいわゆる「お嬢様」が大好き**で、信長の妹（一説には姉）のお市《いち》の方《かた》への「執着」が有名ではあるが、冬姫にも目を向けていたという。

天正10（1582）年、「本能寺の変」で信長が急死すると、「天下」は秀吉の手中に収まることになる。

秀吉政権下においても、蒲生氏郷は特別な存在感を放ちつづけていた。秀吉は家康とは異なり、広い領地を与えることを渋らなかったので、蒲生家は会津（現在の福島県西部と新潟県および栃木県の一部）に92万石もの領地を有するほどの大大名となった。

ところが不気味なことに、秀吉は冬姫に恩を売るつもりだったのか、氏郷を厚遇する一方で、彼の叔母もしくは娘にあたる三条殿や、信長の五女もしくは六女で、三の丸殿と呼ばれた女性を次々と側室の列に加えていったのだ。

「遊びにおいでなさい」という下心みえみえの手紙

冬姫にとって何重もの意味で不幸だったのは、夫・氏郷の早すぎる死であった。文禄《ぶんろく》4（1595）年2月7日、蒲生氏郷は40歳の若さで亡くなった。二度にわたる秀吉の朝鮮出兵中に体調を崩し、帰国後も回復できないままだった。この時、冬姫は38歳である。

前出の『改正三河後風土記』によると、石田《いしだ》三成《みつなり》が、「蒲生氏郷未亡人・冬姫が信長の娘たちの中でも出色の美しさで、実年齢は少々高いが、今でも28歳くらいの花のような色香だ」と何度も秀吉に報告したという。

つい気になってしまった秀吉は、**「都から遠い会津若松での未亡人生活はお淋《さみ》しいでしょう。遊びにおいでなさい」**という手紙を冬姫に送り付けたらしい。冬姫が無視していると、三成が蒲生家の重臣たちに圧力をかけてきたので、上洛の誘いの手紙は実質上の出頭命令となった。

冬姫は困惑したが、これも氏郷公の妻としての最後のご奉公であると家臣たちに諭され、京都を目指すことになる。しかし――、**秀吉が対面した冬姫はなんとなっていた。**

当時、**出家者の女性に手出しすることは倫理的に許されず、そこまでして積年の想いを拒まれてしまった秀吉は「あきれはて（略）茫然」とした。**その場は淀殿《よどどの》にも引き合わせて歓待したものの、冬姫が会津に戻ってしばらくしたのち、蒲生家の所領を五分の一に減らしたと『改正三河後風土記』の「第三十四巻」にある。

大正時代に編纂《へんさん》された蒲生家に関する体系的な史料『近江《おうみ》蒲生郡志《がもうぐんし》』には、冬姫が秀吉を拒絶した事件に加えて、「家中の乱れ」があったともいうが、多くの家臣たちは寝耳に水の国替えに驚き、悲しむばかりだった。

秀吉を拒んだばかりにお国は処分

しかし、実際に蒲生家が**広大な会津から手狭な宇都宮**（現在の栃木県宇都宮市）に移動したのは、それからしばらくした慶長3（1598）年のことだった。秀吉としてはすぐにでも蒲生家を処分したかったのだが、秀吉の甥で、関白を継いでいた豊臣秀次《ひでつぐ》が空気を読まず、蒲生氏郷の嫡男・秀行《ひでゆき》による会津の所領継承をいったん安堵（保証）してしまったので、問題が大いにこじれてしまったのだ。

文禄4（1595）年7月、秀吉は秀次を切腹させ、彼の一族まで全員処刑したが、**冬姫と秀吉の間のトラブルが、秀吉と秀次の関係悪化の原因の一つ**という。まぁ、これも蒲生秀行の宇都宮への国替えが秀次刑死の3年後だったので、本当に関連があるかは微妙なところだが、晩年の狂気の秀吉ならば、これくらいはやりかねない気もする。

冬姫は、現在の京都市左京区にある百萬遍知恩寺《ひゃくまんべんちおんじ》に移り、尼として亡き夫の氏郷の菩提《ぼだい》を弔《とむら》って過ごした。相応院《そうおういん》というのが彼女の法名である。そして寛永《かんえい》18（1641）年、81歳という当時では稀な長命をまっとうして亡くなるが、晩年は京都の地から蒲生家の衰退を眺めているしかなかった。

すでに豊臣家は滅び、徳川家の時代になっていたが蒲生家は不遇で、冬姫の子・秀行は30歳で、その子の忠郷《たださと》も26歳で早死にした。相続には苦労しつづけたが、結局、寛永11（1634）年、大名としての蒲生家は消滅してしまった。

20世紀に見つかった「秀吉のミイラ」

慶長３（１５９８）年８月18日、大坂城で闘病していた**豊臣秀吉**が62歳で逝った。前年１月以来、秀吉の命によって日本中の武将たちは、徳川家康などごく一部を除いて、第二次朝鮮出兵（「慶長の役」）に出払っていたし、秀吉の死はその撤退が終わるまでは極秘機密となり、箝口令《かんこうれい》が敷かれることになった。

その結果、内々での仏事が営まれただけで「黄金太閤」そして「天下人」秀吉にふさわしい葬儀などは行なわれないままに終わった。しかし水面下では秀吉の遺言を果たすべく、朝廷との交渉が始まっていた。**秀吉は「神」になるつもりだった**のだ。問題は、秀吉が熱望した**「新八幡《いまはちまん》」**という神号だった。

朝廷からの返答を待たぬまま、秀吉という「神」のための社殿工事が急ピッチで進められていく。この年の12月18日、徳川家康など多くの大名たちが完成した京都・阿《あ》弥陀ヶ峰《みだがみね》社殿に入っていくのを見て、のちに家康を「神」として久能山《くのうざん》に葬る神事を執り行なった梵舜《ぼんしゅん》という神道関係者でさえ訝《いぶか》しげな様子で日記を書いている（『舜旧記《しゅんきゅうき》』）。

秀吉の死後4カ月を過ぎてもなお、大坂城関係者以外に情報は伝えられず、秀吉死亡説さえも流れていなかったようだ。

「神」になりたかった太閤

阿弥陀ヶ峰の社殿は、秀吉ゆかりの方広寺《ほうこうじ》の「東山大仏」関連の追加施設だと偽られていた（『義演准后日記《ぎえんじゅごうにっき》』慶長三年九月十一日条）。

慶長4（1599）年1月5日、石田三成たち五奉行は、昨年末に朝鮮からの兵の引き揚げが完了したことを契機に秀吉の死を公表し、建造中の社殿は大仏関係の施設ではなく、昨年亡くなった秀吉が「神」となって祀《まつ》られるべき建物で、その墓所にもなるという説明をした。

この時、豊臣家からは秀吉の神号が「新八幡」という情報まで流されてしまっていた。昨年打診して以来、朝廷から正式な返答はまだだったが、既成事実をつくることで拒絶できない空気をつくろうとしていたのだろうか。

僧侶や公家の日記にも「新八幡社見物」（『義演准后日記』）、「東山新八幡社」（『言経卿記《ときつねきようき》』）という記述が見られるし、徳川家の史料である『当代記』にも、秀吉が「神」として八幡大菩薩になるという記述がある。

しかし、あろうことか**朝廷は「新八幡」の神号を拒絶**してきた。

理由は諸説あるが、一つに朝廷の神祇官《じんぎかん》の頂点に立つ、吉田兼見が反対したらしい。吉田は織田信長や明智光秀、そして生前の秀吉とも親交が深かったが、八幡とは八幡大菩薩の略で、神号にしては仏教色が強いから猛反発したのだともいう。

その後、「新八幡」の代案として、吉田が当主を務める吉田神道では最高の神位である「大明神」を含む、**「豊国大明神《とよくにだいみようじん》」の神号を進呈する**ともいってきたので、「それなら……」と石田三成なども丸め込まれてしまったようだ。

なぜ「豊国」なのかといえば、「豊」臣秀吉だからという単純な話ではなく、日本の古称は「豊葦原中津国《とよあしはらのなかつくに》」で、秀吉はこの国の主だったから「豊国大明神」にするということだった。

しかし、農民出身という身分によって武家の棟梁《とうりょう》である征夷大将軍にはなれなかったとも囁《ささや》かれる秀吉にとって、武家の守り神にして、軍神の「八幡」の号こそが「大明神」などより、よほどほしかったのではないか。

秀吉本人は朝鮮半島に日本人が攻め込むのは『古事記』、『日本書紀』の神功《じんぐう》皇后以来の快挙だと本気で考えていたようで、だからこそ、神功皇后とその皇子・応神《おうじん》天皇ゆかりともされる「八幡」の神号に固執したのかもしれない。

しかし、神道においては天照大神《あまてらすおおかみ》に次ぐ立場の神が八幡神なので、いくら「天下人」秀吉とはいえ、軽々しく進呈できるような神号ではなかった。

秀吉の亡骸が入った甕を開けてみたら……

「新八幡」よりも「豊国大明神」の神号の威力は薄かったのか、秀吉の死後、豊臣家と徳川家の抗争は激化し、二度の「大坂の陣」の末、戦国大名としての豊臣家は滅亡してしまった。

徳川家康は豊国大明神の神号を廃止するだけでなく、豊国社（豊国神社）の建物も破却しようとした。しかし、秀吉未亡人の高台院《こうだいいん》（おね）から「崩れ次第になし給《たま》はれ」（『東照宮御実紀附録』）――人為的に壊すのではなく、せめて**「荒れるがままに放置してください」**と頼み込まれて、そのとおりにした。

やがて秀吉の遺体が入った甕《かめ》を埋めた墳墓の名前も、徳川家を憚《はばか》って「馬塚」と呼ばれるようになってしまった。早くも豊国社は17世紀後半には廃屋と化し、盛者必衰の理《ことわり》を感じずにはいられない廃墟系名所になっていたようだ（『京童《きょうわらべ》』）。

状況が変わったのは、徳川幕府が倒れた明治の世だった。慶応4年＝明治元（1868）年、**明治天皇の大坂行幸が契機となって、豊国大明神の神号が復活し、明治13（1880）年には京都に豊国神社が再興された**のだ。

そして明治23（1890）年6月25日には、黒田長成《くろだながしげ》侯爵など、豊臣秀吉子飼いの大名の子孫たちが中心となり、秀吉の墓所にふさわしい墓碑銘を建てるべく「豊国会」が結成された。

しかしその工事中、**秀吉の遺体を収めた甕が出土してしまったのだ。その蓋を開けると、西向きに鎮座したミイラ化した秀吉の遺体があったという。**

秀吉のミイラ化した遺体は
甕から取り出そうとした際にバラバラに崩れ落ちたという

意図しなかったにせよ、**秀吉の墓荒らしをした「豊国会」の面々は、甕から秀吉の遺体を取り出そうと試みるという、さらに取り返しのつかぬミスまで犯してしまった。**

下手に動かしたせいで、それまではかろうじて人の形を保っていたものが、バラバラと崩れ落ちたのである。

秀吉の遺体の破片のそれぞれが丁寧に絹の布に巻かれて桐の箱に収められ、銅製と石製の箱で二重にカバーされてから、地中に戻っていった。

もし、科学が進んだその後のしかるべき時期に土中から発見されていたのなら、秀吉のミイラからどれほど有益な情報を知りえたかと思うと口惜しいものがある。

「家康と徳川四天王」はなぜ、疎遠になってしまったのか？

戦国の覇者として、織田信長、豊臣秀吉に次ぐ最後にして最強の「天下人」となった**徳川家康**。家康の天下取りにもっとも貢献したのが、酒井忠次《さかいただつぐ》、榊原康政《さかきばらやすまさ》、本多忠勝《ほんだただかつ》、そして井伊直政《いいなおまさ》の四人の武将であるとして、人々は彼らを**「徳川四天王」**という名前で讃えるようになった。

「四天王」の呼称が生まれた時期は定かではないが、慶長5（1600）年、「関ヶ原の戦い」以前の段階で、すでに徳川家関係者の間では使われはじめていたという。

しかし、慶長7（1602）年に亡くなった井伊直政を例外として「四天王」のうち、誰一人として、**家康との関係が良好なまま世を去れる者はいなかった。**

「徳川四天王」筆頭とされながら、家康との関係がもっとも冷え込み、回復せぬまま亡くなったのは酒井忠次だ。

❖ 井伊直政――家康が恐れた裏切り

家康たちは先祖代々の土地である三河国《みかわのくに》（現在の愛知県東部）を離れ、関東に移封されることになったが、これは豊臣秀吉が相模国《さがみのくに》小田原（現在の神奈川県小田原市）を本拠地としていた後北条《ごほうじょう》家の征伐に成功したのがきっかけだった。

秀吉は家康に２４０万石という、数字上は栄転に見える広大な領土を与えたが、当時の関東は一部を除き、ほとんどが未開の地にすぎず、秀吉が家康の勢力を削ごうとしていたことは誰の目にも明らかであった。

しかしこの時、家康を支えつづけてきた「四天王」にも、やっとそれなりにまとまった領地が分与されることになった。家康のお気に入りだった井伊直政には12万石が与えられ、彼は上野国《こうずけのくに》・箕輪城《みのわじょう》（現在の群馬県高崎市）の城主になった。

当初、直政には6万石しか与えない予定だったらしいが、12万石になったのは、「小田原の戦い」での**直政の活躍を知った秀吉が「せめてあと6万石、加増してやれ」と言った**からだという。**寵臣の中の寵臣にすら、領地を出し渋りしてしまう家康**

は、近臣からの裏切りを極端に恐れていたらしい。

❖酒井忠次――家康は見舞いに行かなかった

では、「四天王」の筆頭である酒井忠次には……というと、関東移封の頃にはすでに忠次は白内障あるいは緑内障と考えられる眼病をこじらせ、失明寸前だったので、嫡男・家次《いえつぐ》に家督を譲っていた。

しかし、この家次に与えられた所領が下総国《しもうさのくに》（千葉県北部と茨城県の一部）・臼井《うすい》のわずか3万7000石だったのである。忠次が家康に不満を申し出ると、家康からは「お前も子はかわいいのか」と皮肉を言われたという逸話もある。

天正7（1579）年、家康の当時の正室・築山殿《つきやまどの》と、彼女との間に授かった嫡男・信康《のぶやす》が、武田家に内通《ないつう》している（密かに敵に通じる）という情報を知った織田信長が激怒する事件が起きた。信長の愛娘で、信康の正室だった五徳姫《ごとくひめ》からの告発だったので、信憑性があった。

この時、酒井忠次は家康から「弁明の使者」として信長のもとに派遣されたのに、

有益な言い訳を一つもせず、信長の疑いが真実であると認めるに等しい言動をとったらしい。

天正4（1576）年頃から、信康が暴力的かつ残虐な人物になっていったという記述が『当代記』などの史料にも見られる。忠次としても信康に家康の跡など継いでほしくはなかったのかもしれないが、家康は父親として、酒井忠次のことを心の底では許せなかったのかもしれない。

しかし、江戸時代初期に成立した『松平記』という史料では、それとは真逆の話が語られており、信長からは「いかようにも存分にせよ」（家康殿の思うがままにどうぞ）とだけ言われていたのに、家康が自分の意志で、信康だけでなく築山殿の命まで奪ってしまったともいう。

この場合、家康が忠次を恨む要素などはなかったことになるが、真実はどうであれ、**加齢にしたがって家康の中では「嫡男・信康を忠次のせいで失わねばならなかった」と自分に都合のいいように事実が捻《ね》じ曲がっていったのかもしれない。**そうしたことが、忠次の嫡男・家次の過小評価につながったのではないかと思われる。

家康と酒井忠次の関係悪化が表面化したという知らせは、上方の秀吉にも届いた。秀吉は「歴戦の勇者である忠次を京都に迎え、自分の配下の若い者たちに彼の話を聞かせて教育したい」という申し出をしてきたので、忠次は関東の地を離れ、京都・桜井に移動することになった。

秀吉から1000石の隠居料と屋敷を与えられた忠次は、豊臣家ゆかりの人々と連歌の会などに興じていたそうだが、慶長元（1596）年、10月28日に亡くなった。享年70歳。死因や辞世などは不明だが、忠次のもとに家康が見舞いに訪れた記録は一度もなく、「徳川四天王」筆頭としては実に淋しい最期を迎えたことになる。

本多忠勝——たとえ遠くに追いやられても

本多忠勝は、家康が関東に入国した際、上総国《かずさのくに》・大多喜《おおたき》（現在の千葉県夷隅《いすみ》郡）に10万石の領地を与えられ、大多喜城を居城としていた。

しかし、関ヶ原の後は伊勢桑名（現在の三重県）に転封されている。**武断派すぎる忠勝に家康は手を焼き、家康の本拠地となった江戸から遠くに配置したとの噂が絶え**

ない。実際、家康から微妙な距離を置かれてしまっていた。
しかし、忠勝は子どもたち二人が見舞い、遺言を聞こうとした際にも**「まだ、殿（家康）のために働きたいから死にたくない」**と言いつづけながら死んでいったという（『近古史談《きんこしだん》』）。

榊原康政――「私などは腸が腐ってしまう」

忠勝が家康への愛着を失っていなかったのに対し、猛将であると同時に知将としても知られる榊原康政は、**晩年に昔とは変わってしまった家康に対する批判を隠そうともしなかった**。

慶長11（1606）年5月14日、康政は家康から与えられた上野国の館林城で、毛嚢炎《もうのうえん》（おでき）を悪化させて亡くなっている。

江戸時代前期に山鹿素行《やまがそこう》によって書かれた『武家事紀《ぶけじき》』の「俗伝」では、康政が家康からの見舞いの使者に、**当時の家康が彼ら「四天王」の生き残りではなく、本多正《まさ》**

信《のぶ》という謀略家と呼ぶべき人物を重用していることを批判したという記事が出てくる。そこに不満のある康政は「あのような者をそばにおいて、家康公はご健康でいられるのか。私などは腸《はらわた》が腐ってしまう」と言い切ったらしい。

しかし、康政は秀忠《ひでただ》からの見舞いの使者には丁寧に対応した。康政は使者と共に鼓《つづみ》の音色に耳を澄ませ、**「将軍家（秀忠）と一緒にいられた気がする」**と満足そうな様子で、その後まもなく亡くなったという。享年59歳。康政には秀忠と鼓の音色を聴いた思い出があったのかもしれない。

様々な逸話からは、晩年の家康から康政の気持ちが微妙に離れてしまっていたことがうかがえる。しかし、康政はかつて家康が自らの姿を水鏡に映しながら描いたという自画像を譲り受けており、その画を館林市の善導寺《ぜんどうじ》にわざわざ遺言して預けたという言い伝えもある。

「徳川四天王」のそれぞれに、長年にわたるつき合いだった家康への愛憎は存在したのであろう。

4章

平和な世だと、人はろくなことを考えない

……江戸の社会を本能で生きたヒーローたち

江戸

お江はなぜ息子家光の「誕生日」を口止めしていたのか

江戸幕府の創設から20年が経過した元和《げんな》9（1623）年、京都において徳川秀忠《とくがわひでただ》は、将軍位を長男の**家光《いえみつ》**に譲り、ここに数えで20歳の3代将軍・徳川家光が誕生した。

それからしばらくして京都南禅寺の高僧で、家康時代から徳川家に仕えてきた金地《こんち》院崇伝《いんすうでん》から**「家光公の誕生日を祝う祈禱《きとう》を行ないいたいから、日付を教えてください」**という依頼があった。

対応したのは家光側近の稲葉《いなば》正勝《まさかつ》だったが、回答はそれから2年もたった寛永《かんえい》2（1625）年4月13日であった。しかも稲葉の手紙は、稲葉の母・春日局《かすがのつぼね》とも協議したのだが、と前置きしつつ「御台様《みだい》（＝お江《ごう》）より御意にて、（家光公）御生れ月日の事、何《いず》かたへも堅く申すまじきの由」云々の理由で、**「お江様のご意思により、今は回答できない」**とする不可思議な内容だったのである。

イギリス商館長の日記に書かれた「1月16日の生誕祭」

当時、すでに貴人の誕生日を祝う風習はあった。江戸城においても、家光の将軍就任前年の元和8（1622）年、イギリス商館長のリチャード・コックスなる人物の日記に、1月16日、江戸城内で**「若い王子（皇帝＝将軍・秀忠の長子）の誕生の祭りの行事が行なわれている」**とある。これが理由で城内が忙しく、コックスが頼んでいた仕事がいっこうに進まなかったようだ。

内々の行事だったとはいえ、誕生日の祝宴を行なっていたのだと考えられる。

しかし、家光の公式伝記『大猷院殿御実紀《たいゆういんでんごじつき》』にも、彼の誕生日は7月17日とあるし、『幕府祚胤伝《ばくふそいんでん》』など多くの幕府関係の史料にも、その日付は共有されている。

なのに、どうして1月16日に「若い王子」の誕生祭が行なわれていたのだろうか。

コックスも「長子家光は慶長《けいちょう》9年7月17日に生まれた」と書いて不審がっていた。

庶民はともかく、江戸城関係者――コックスのような外国人にまで家光の誕生日の情報が漏れている中で、家康の時代から徳川家のブレーンだった金地院崇伝が、なぜ家光の誕生日を知らないのか。また、稲葉正勝にその情報の正誤を今一度、確認するような手紙を送ったことにも疑問が残る。

もう一つの誕生日、7月17日

寛永2（1625）年に「今は回答できない」といわれた金地院崇伝が、遅すぎる追伸を受け取ったのは、寛永4（1627）年8月14日のことで、稲葉いわく「しやうぐんさま御たんじやう日、たつの七月十七日、あさの四つときよりまへ」――**「家光様のお誕生日は辰年・慶長9年7月17日、午前10時より少し前」**という回答だった。

公式情報どおりだが、最初に尋ねられてから4年もかかった理由としては、やはり「大御《おおみ》だいさま（大御台さま=お江）、御うまれ月ひの事、かたき御はつと（法度）ニて」――つまり**「お江様のご意向で、家光公の誕生日情報は絶対機密だったから」という。**

江はその年の前年（寛永3年）に亡くなったので、箝口令《かんこうれい》が解けたらしい。しかし、それでも手紙には祈禱担当者以外に、家光の誕生日情報を教えてはならないという命令も添えられていた。この奇妙なまでの厳戒態勢は、いったい何を意味したのか？

歴史家・福田千鶴氏は、**家光の実母が江ではなかったのではないか**という仮説を唱えている。たしかに四女・初姫《はつひめ》を出産したばかりの江が、家光を本当に妊娠できるのかには疑問が残る。江は優れた医師が多いという理由で、初姫を上方（関西）で出産しているのだが、江が京都から江戸に戻った日にちがよくわからないことや、最速で戻っても、いわゆる「十月十日《とつきとおか》」という通常妊娠期間を満たせないことも挙げている（『江の生涯　徳川将軍家御台所《みだいどころ》の役割』）。

歴代の徳川将軍御台所の中でただ一人、江だけが実子を将軍にできたという通説を覆《くつがえ》しかねない衝撃の主張だが、慶長８（１６０３）年10月初頭まで、江が京都にいたことは事実である。江から先日の祈禱のお礼として「杉原紙《すいばらがみ》五十帖」が10月６日に送られたという僧侶の日記があるのだ（『義演准后日記《ぎえんじゅごうにっき》』）。

当時、御台所といった重要人物が江戸と関西を輿《こし》で移動するには、最低でも15日ほどはかかったし、警護の点でも大行列が組まれたので、こっそり江だけ秀忠が待つ江戸に戻っていたということはありえない。

しかし、江が最速で江戸に戻ったにしても、それは早くて10月末から11月初旬のことだし、なぜか**江の江戸到着の記録なども残されていない**のだ。またその後、すぐさま秀忠と愛し合って懐妊したところで、慶長9（1604）年7月17日という家光の誕生日までに「十月十日」という妊娠期間が満たせないという。

ただ、現代医学では「十月十日」は目安で、およそ230日の妊娠期間があれば、小さくても元気な赤ちゃんを産むことはできるとされる。つまり11月初頭、江が江戸に戻ってさえいれば、彼女が家光の実母になることは原理上可能なのだが、この場合、初姫を出産してから4カ月後の江が、家光を懐妊できたのかという新たな疑問が出てくるので、たしかに怪しい部分が多い。

将軍のスキャンダルはこうして隠蔽された？

しかし7月17日、男子が江戸城に誕生したこともまた事実のようなのである。江の姉の淀殿《よどどの》が「ゑと（江戸）にもわもし（若君）をするすると、たんしやう（誕生）」

という手紙を、やりとりしていた伊勢・慶光院《けいこういん》の「上人」に宛てて送っている。ところが、**その若君の母親については一言も書いていない。**やはり何かが、引っかかる。

ここで考えられるのは、次のような裏話だ。

江戸に戻った江が久しぶりに秀忠と対面すると、ねんごろになった女性を紹介され、彼女のお腹にはすでに子どもがいると告げられた。**御台所にしかできない側室の認定を迫られたが、勝ち気な江は激怒して、「私は側室など認めない。彼女の子どもは、私が産んだことにする」と騒いだという修羅場である。**

しかし、それだとリチャード・コックスが証言した、江戸城の政治機能がストップするほどの祝宴が行なわれていた「1月16日」とは、いったい何の「祭り」になるのだろうか？

家光の誕生日は、本当は慶長10（１６０５）年1月16日だったのではないか。そして今日、家光の誕生日として知られている慶長９年７月17日こそ、コックスが「若い王子」と記した秀忠の「本当の長男」の誕生日だったのではないか……そんなことを考えてしまう。

そう解釈すると、茶々が手紙の中で、若君の誕生に触れながらも、その母親について何も書いていない不自然さの理由も理解できる気がするのだ。

また、江が家光の誕生日を絶対の秘密にしろという不思議な命令を出していた理由や、金地院崇伝が家光の将軍就任時に、祈禱に必要な情報だから、家光様の生年月日を教えてほしいと尋ねてから、回答まで4年もの時間がかかったあたりの不自然さの説明もつく。

しかしそれなら、なぜ家光の誕生日を慶長9年7月17日に設定しなくてはならないのかが疑問になる。おそらく、7月17日に生まれた秀忠の「長男」は短期間で夭折《ようせつ》したはずだ。

勝ち気な江にしてみれば、夫・秀忠の過去の女性問題や、それで生まれた男子をひたすら憎んでいたら、本当に早死にされてしまったのではないか。思えば後年、家光の異母弟として誕生する保科《ほしな》正之《まさゆき》も、**江の激しい嫉妬を恐れた秀忠によって江戸城外**

で隠すように出産され、育てられている。江が人を憎むパワーは尋常ではないほど強かった。

江としてはプライドにかけても、あくまで秀忠の「長男」を産んだのは自分だということにしたかったはずだ。そのため、別の女が産んでいたという事実の徹底的な隠《いん》蔽《ぺい》を試み、夭折した本当の「長男」の誕生日を、5カ月ほど後で生まれた実子・家光に継がせることにした。

しかし、方針はできても、それを大々的に発表することには良心の呵責《かしやく》もあって、結果的に、家光の誕生日の情報は、江が亡くなるまでは伏せられることになった。その代わり、城の中では、本当の家光の誕生日――1月16日をあくまで内々にだが、盛大に毎年祝わせていたような気がしてならない。

その一方で、江にとっての家光は、過去の様々なトラブルを思い起こさせる存在でもあったから、自分のお腹を痛めて産んだ子なのにどこか疎《うと》ましく、弟の忠長《ただなが》のようには溺愛できなかった――そんなストーリーを思い描いてしまう。

これらはあくまで筆者による仮説にすぎないが、妙に史実と符合する部分が多いのは気がかりだというしかない。

江が書いた手紙は2通しか現存せず、それは「後世の好奇心から自分のプライバシーを守りたい」という彼女の意思を反映したとしか思えない部分がある。彼女がひた隠しにしようとした、将軍継承問題の「闇」は想像するほどに深い。

10代将軍・徳川家治の死因にまつわるミステリー

8代将軍・**徳川吉宗《よしむね》**は、家康によって創設された御三家の一つ、紀州藩《きしゅう》（現在の和歌山県と三重県南部）2代藩主・徳川光貞《みつさだ》の四男として生まれた。しかし、若き日の吉宗は実母の身分が低く、優秀な三人の兄たちがいた手前、一生を飼い殺しの状態で終わると考えられていたらしい。

しかし、吉宗が兄たちのあいつぐ病死の末に紀州藩主となり、ひいては将軍にまで成り上がる中、彼の寵臣たちも常識外れの出世を遂げていった。のちの老中・**田沼意次《たぬまおきつぐ》**の父・意行《おきゆき》の身分も、下級武士の足軽から、旗本という高位の武士にまで引き上げられている。

享保《きょうほう》4（1719）年生まれの意次も父親を通じて、吉宗の知己《ちき》を得ていた。吉宗の不出来な嫡男・家重《いえしげ》（のちの9代将軍）は、将棋が得意で頭脳明晰ではあるが、言語不明瞭という民の上に立つべき者としては致命的な欠陥を持っていた。

吉宗から家重の面倒を任せられた意次は、適材適所を配置し、なんとか大きなボロを出さないように将軍・家重の治世を支えた。とはいえ、家重はほとんど大奥に入り浸《びた》りではあったのだが、ついに田沼家がその功績を買われ、大名の仲間入りをしたのも家重の治世である。

9代、10代の将軍を支えた田沼意次

田沼意次は、家重からは嫡男・家治《いえはる》の面倒を任せられた。これは意次の人生の大きな転機となった。

10代将軍・徳川家治は聡明ではあったが、幕政のリーダーとしてふるまいたがる人物ではなかったため、いわば**将軍の代理人として、老中首座に抜擢《ばってき》された田沼意次の時代がやってきた**のである。

当時の意次は中年に差し掛かりながらも、いまだ絶世の美男子として、息子・意知《おきとも》

ともども、大奥の女中たちの胸を怪しくときめかせる存在だったそうだ。

老中首座として田沼意次は、新田開発などを急ぐと共に、徳川幕府が開いて以来、その基本姿勢であった農業重視（重農主義）を、商工業重視（重商主義）に転換するべく試みたことで知られる。

8代将軍・徳川吉宗は「名君」として有名だが、質素倹約を重んじた彼が君臨した18世紀前半とそれ以降は天候が不安定で、飢饉《ききん》・凶作の年が多かったこともあり、その治世にはかなりの数の農民一揆が勃発している。

いくら質素倹約にだけ励んでも、吉宗時代のように農業重視という旧来の方針だけでは経済など立ち行かないのは必然だったから、意次は様々な産業を育成し、そこに広く浅く課税を試み、幕府が収入を得られる道を模索したのだった。

結果的に幕府の財政は潤ってきたものの、武士や庶民たちからの反発は大きく、また「田沼時代」には、少しでもいいポストを手に入れるために権力者に配る大金の賄《わい》賂《ろ》が必要となり、この金権政治の風潮に不平不満は増大していった。

❖ 田沼意次のまわりで次々と「突然死」が……

父・家重から意次の重用を命じられていたこともあり、徳川家治からの信頼は厚いままだったが、家治に寵愛《ちょうあい》されなかった者からの嫉妬だろうか、意次が将軍家を私物化した「黒幕」だとする類《たぐ》いの風説は実に多い。

客観的に見ても、家治の周辺には突然死を遂げる人物があまりに多すぎるのだ。御台所・五十宮倫子《いそのみやともこ》は明和《めいわ》8（1771）年、34歳の若さで亡くなっているし、家治が彼女との間に授かった二人の娘も夭折した。側室・お知保《ちほ》の方《かた》との間に授かった家治の嫡男・家基《いえもと》も、数え年18歳の若さで突然死している。

安永《あんえい》8（1779）年2月21日、現在の東京・品川あたりまで鷹狩《たかが》りに出かけていた家基は突然、激しい腹痛を訴え、江戸城に帰り着いた後も回復せずに2日後、亡くなってしまった。**田沼意次の息のかかった御典医《ごてんい》からハンミョウという昆虫由来の毒が盛られたという不穏な噂も残っている。**

天明《てんめい》3（1783）年には浅間山が大噴火を起こし、あまりに大量の火山灰が放出されたために空が数年にわたってかき曇り、関東でも日照不足で不作が続いた。

そんな中で元気だった家治も少しずつ弱りはじめ、天明6（1786）年3月頃から脚はひどくむくみ、奥医師たちはそれを**「脚気《かっけ》」**と診断して薬を出していたが、効果は見られなかった。

脚気とは、白米ばかり食べるような栄養が偏った食生活が災いし、浮腫《ふしゅ》などを生じる病気である。白米だけを食べる食生活を改めれば、体調も持ち直すはずだが、明治末になるまで効果的な治療法は知られていなかった。

本当に家治が脚気だったのかには疑問が残り、ヒ素などの毒を盛られていたのではないか……という疑いも残る。

いずれにせよ、家治の健康は悪化する一方で、同年8月15日、家治はこれまで一度も休んだことがなかった大奥の総触《そうぶれ》（御台所や奥女中の挨拶を受ける儀式）を欠席した。「夏風邪」だとされたが、その後は立ち上がれなくなってしまった。

❖「これは毒薬だ、医者を代えてくれ」

この時、意次は若林敬順《わかばやしけいじゅん》と日向陶庵《ひゅうがとうあん》という二人の町医者を江戸城に連れてきて、奥医師に任命している。任命からわずか3日後、日向陶庵だけが江戸城から出ていったという奇怪な経緯があるが、その理由は明かされていない。

そもそも、意次はなぜ彼らを連れてきたのだろうか。「わが意のままに町医者を操り、家治を暗殺しようとしていたのではないか」と考えた者は当時の江戸城内にも多かったようだ。

家治は、意次の意志で若林敬順が調合する薬だけ飲ませられていたが、体調は悪化する一方で、ついに8月25日、三度嘔吐《おうと》した後に**「これは毒薬だ、医者を代えてくれ」と訴えた。しかし医師は交代させられず、その日のうちに家治は絶命したのである。**

こうした家治最期の様子を『天明巷説《てんめいこうせつ》』という書物がリアルに描写しているのだが、

絶世の美男子として大奥の女中たちを虜にしたという田沼意次。
家治死後の〝怪奇現象〟は意次が毒薬を盛ったためか――？

これは江戸城から絶対秘密とされた将軍の情報が世間にリークされていたことを意味している。

しかも家治の死後にさえ「事件」が起きていた。「廿六日（＝26日）の昼四時」――つまり、家治が亡くなった翌日の午後、「御死躰、頻《しきり》にふるへ出させ玉ひて、御吐血夥敷《おびただしゆう》て不止《とまらず》」という怪奇現象が目撃されたのである。家治の死体が突然震えだし、口からの凄まじい吐血が止まらなくなったというのだが、あまりにおぞましい光景である。

しかし、史実の**田沼意次はむしろ家治を守ろうとしていた側ではないか**と思われる。

意次は、家治という後ろ盾を失った直後の8月27日に失脚し、父の代から築き上げてきた栄誉栄典の大半も失った。かろうじて、大名家としての田沼家の存続は許されたが、それは田沼意次の孫によって継承され、彼自身は死ぬまで政治の表舞台からは遠ざけられてしまったのだ。

田沼意次は、自分に高い社会的地位を与えてくれている将軍・家治の命をなんとか守ろうとする中で判断が狂い、名医と信じ込んだ民間のヤブ医者をあてがったせいで、結果的に家治の命も、自分の政治的生命も守れなくなってしまったのかもしれない。

蔦屋重三郎――「喜多川歌麿は俺が育てた」と言いまくった男

「世に吉原に遊びて産を破るものハ多けれど、吉原から出て大売りになりたるはいと得がたし」――常人が破産する吉原の街から仕事を始めて、財を築いたのはこの男だけだと江戸時代のベストセラー作家・曲亭馬琴《きょくていばきん》にいわせた**蔦屋重三郎**《つたやじゅうざぶろう》。

18世紀末にあたる安永～寛政《かんせい》年間（1772～1801年）にかけての**数十年間の江戸文化をリードした人物**である。蔦屋重三郎の名前は、上は大名から下は町人にいたるまで、様々な背景のクリエイターたちを束ねた名プロデューサーとして記憶されているだろう。

蔦屋の仕事はただの版元（出版業者）にはとどまらなかった。その一例として、重三郎が才能を見込んだ新人を手元に置いて育成するという日本初のプロダクション経営に乗り出していた事実は興味深い。中でも、大きな芸術的成果につながったのが、それまでは伸び悩んでいた**喜多川歌麿**《きたがわうたまろ》を、絵画史上に残る天才絵師にまで育て上げた功績だ。

どんなに有名になっても、歌麿の署名は蔦重の下

重三郎から見て、歌麿は3歳年下の同世代で、いわば気心の知れた友人か、歳の近い弟のような存在だったらしい。

また、重三郎は「蔦唐丸《つたのからまる》」というペンネームで狂歌師としても活躍していたので、たんなる出版業者、編集者、プロデューサーといった裏方的立ち位置から一歩前に進んで、とくに**歌麿に対しては共作者としてふるまいたがった**ようだ。

蔦屋のほぼ専属絵師として活動していた時代の歌麿は、ぽっちゃりした美女を描くことで、細身美女の絵柄に飽きつつあった世間から、高い評価を得られるようになった。

しかし、重三郎としては自分こそが歌麿を天才絵師にした、という自負があるのだ

ろう。**蔦屋の号でもある「富士やま形に蔦の葉」という版元印の下に、喜多川歌麿の署名を入れさせることを強いた。**

そうならなかったごくわずかな例外は、『婦《ふ》女人《じょにん》相十品《そうじっぽん》』など、絵師名・画題・版元印という通常の順番でデザイン化された枠を全作品で共通使用した連作だけである。

喜多川歌麿画『婦女人相十品』の一つ、
「ポッピンを吹く娘」

歌麿が名乗っている喜多川とは、蔦屋重三郎の本姓なので、両者には家族同然の濃い絆があったこともうかがえるが、やはり、絵師を自身の作品の素材のように扱いがちなプロデューサーのもとに天才クリエイターが長居することはできなかったようだ。

しかも、歌麿との関係が悪化していた寛政6（1794）年、重三郎は謎の大型新人・**東洲斎写楽**《とうしゅうさいしゃらく》を発掘し、蔦屋から大々的にデビューさせてしまった。
これが歌麿と重三郎の関係が決定的に冷却した最大のきっかけとなったと考えられている。

❖幕府にバレたら大変なことに

写楽の正体は、徳島藩主・蜂須賀《はちすか》家お抱えの能役者・斎藤十郎兵衛《さいとうじゅうろべえ》だったという。

彼が覆面作家になったのは、当時の身分意識が強く関係しており、**能役者には武士としての身分が与えられていた**からだという。

江戸時代は厳格な身分社会だったから、お武家様の芸術である能楽の演じ手が、庶民の芸術である歌舞伎の小屋に通いつめ、その役者絵を描いているなど「問題行動」に他ならず、それが幕府にバレたら大変なことになりかねないのだ。

実際、寛政元（1789）年には、蔦屋のライバル版元・朋誠堂《ほうせいどう》から武士身分の作家・恋川春町《こいかわはるまち》（本名・倉橋格《くらはしいたる》）の戯作《げさく》が出版された。時のカタブツ老中・松平定信《まつだいらさだのぶ》をおちょくった内容で、激怒した定信から江戸城に出頭命令が出される中、それを拒否した春町が病死したという事件の直後だった。病死は建前で、おそらく自害に追い込まれたようだ。

蔦屋重三郎からすれば、武士のはしくれである写楽の大抜擢は、「身分などなんだ」というお上《かみ》への対抗心そのものであり、ヒーローじみた興奮をともなう行為だったのだろう。だが、東洲斎写楽こと斎藤十郎兵衛が大きなリスクを冒してまで商業絵師としてデビューを決意する背景には、**抜き差しならない金銭問題があった**のではないか。

また、両者のやりとりを見ていた喜多川歌麿は、人の弱みにつけ込んで平気な重三郎という男には、もうついていけないと感じたのではないだろうか。

作家を食い物にしてのし上がる「悪徳」プロデューサー

恋川春町の死から2年後の寛政3（1791）年、幕府からの出版業への圧迫を感じている重三郎は、山東京伝《さんとうきょうでん》という「お抱え作家」に、お上が忌み嫌う**「洒落本《しゃれ》」**というジャンルの著作物を発行させる暴挙に出た。

案の定、松平定信は激怒し、蔦屋は財産半分没収、山東京伝は手鎖《てぐさり》50日という実刑を受けている。**蔦屋のほぼ専属作家だった歌麿も、重三郎の危険すぎる思いつきに連座させられ、創作活動が行なえない1年を過ごした。**

重三郎は山東京伝を前科者にした事実などは軽く考えていたようで、謹慎中の彼から断られてもなお、「御ひいきあつきわたくし見せ（＝店。蔦屋のこと）」という雇用者権限をチラつかせ、『箱入娘面奥ノ人魚』――つまり『箱入娘面屋人魚《はこいりむすめめんやにんぎょ》』という作品を書かせてしまっている（引用箇所は、重三郎が書いた同書の序文の一部）。

その翌年の寛政4（1792）年、幕府から出された**「一枚絵類《いちまいえのたぐい》は絵のみに候《そうら》はば、大概は不苦候《くるしからずそうろう》」**という町触（一般の民へのお触れ）を逆手に取った、美女の顔面をアップにした一枚絵のシリーズで、歌麿はスターダムにのし上がった。

幸い、歌麿の絵に対する幕府のお咎《とが》めはなかったのだが、おそらく、後年の東洲斎写楽のデビューに対し、喜多川歌麿の脳裏をよぎったのは、そういう危うい過去の記憶だったはずだ。

歌麿や、山東京伝など、断わりにくい立場の絵師や作家につけ込んで危なげな出版を繰り返し、最終的には成功作という手柄の多くを横取りしてしまう蔦屋重三郎という男。歌麿にとっては写楽の登場に対しても、単なる嫉妬というより、重三郎というプロデューサーへの幻滅があったのではないか。

しかも重三郎は写楽を歌麿のような大ヒット絵師にはできなかった。写楽の活動期間はわずか10カ月に終わり、彼は能役者・斎藤十郎兵衛に無事、戻ることができたようだ。

歌麿と重三郎の和解はないまま、寛政9（1797）年、重三郎が病死している。重三郎の死後、蔦屋から作品を出版する際、すでに40以上もの版元と仕事していた歌麿だが、ようやく蔦屋の号より自分の署名を上に記すことできるようになった。

「江戸のベストセラー作家」曲亭馬琴の本は売れていなかった⁉

「江戸時代最大のベストセラー作家」との呼び声も高い、**曲亭馬琴**。本名（諱《いみな》）は滝《たき》沢興邦《ざわおきくに》で武士の出身だが、理由あって物書きを専業にした。滝沢馬琴とも呼ばれるが、本人としては武士である実家の姓と、雅号の馬琴を合わせた呼び方は癇癪《かんしゃく》を起こすほどイヤだったらしい。

馬琴は当時の言葉で「読本《よみほん》」、現代でいえばSF長編小説といったような趣の『椿《ちん》説弓張月《せつゆみはりづき》』『南総里見八犬伝《なんそうさとみはっけんでん》』など数々のヒット作を持ち、原稿料だけで生活できたという意味で「日本初のプロの作家」ともいわれる。

しかし、馬琴の師匠である山東京伝なども原稿料だけで生活できていたようだから、正確には「最初期のプロの作家の一人」である。

❖「ワーキングプア」の江戸町暮らし

明和4（1767）年、江戸・深川の旗本屋敷で馬琴は生まれた。馬琴の父・興義《おきよし》が、当時1000石取りの松平信成《のぶなり》という旗本の屋敷に勤める「用人」（家老に相当する役職）だったからだ。

しかし父は薄給だったので、一家はギリギリの生活を強いられた。具体的な俸禄《ほうろく》（給与）は明らかではないが、3000石取りの池田家という旗本に仕えた用人の俸禄が100石（35両）だったから（小川恭一『江戸の旗本事典』）、馬琴の父も11～12両ほどもらえていたのではないか。

筆者の体感では、江戸時代後期の1両は、現代の5万円くらいに相当する。それで計算すると現代の55万円前後だから、かなりのワーキングプアになってしまう。

同じ日本でも時代が異なれば物価の計算法は非常に複雑で、過去の低めの給与については、**その数字を10倍してみる「労賃レート」の適用が有効**かもしれない。それによると滝沢家は年収550万円程度だったといえるだろうか。家族が多く、物価の高い江戸中心部での生活はギリギリだったらしい。

しかし、酒好きすぎた父・興義は突然吐血してこの世を去り、馬琴の兄・興旨《おきむね》が17歳で亡父の跡を継いだのちに一家は没落してしまう。

松平家は、興旨が「若年」であることを理由に給与を半額に値切ってきたので、滝沢一家は紆余曲折《うよきょくせつ》の末、戸田家という旗本屋敷に新天地を得た。馬琴だけは松平家に残り、しばらくは癇癪持ちの若様の御《お》小姓《こしょう》を勤めていたが、長くは続かなかった。

安永9（1780）年、衝動的に松平家を辞めた馬琴は、家族と戸田家で合流するが、そこも無断で飛び出してしまった。医者を目指したが挫折し、その後に作家を志して山東京伝に弟子入りしている。これが馬琴24歳の時の話である。

それからも山東京伝の紹介で、蔦屋重三郎が吉原でやっていた本屋「耕書堂《こうしょどう》」の番頭を、町人と身分を偽って務めるなど、低迷期が長かったが、文化《ぶんか》11（1814）年、48歳で発表した**『八犬伝』の大ヒットによって一大転機が訪れた。**

『南総里見八犬伝』の大ヒット――いくら儲かったのか？

当時の江戸では、**町人の識字率が上昇し、貸本屋から本を借りて読むことが流行し**ていた。貸本屋の人気商品は、『八犬伝』のような「読本」で、普通に買うなら、1冊あたり銀20匁《もんめ》もした。銀20匁は約0・33両に相当する。

庶民の中でもっとも稼げる仕事として有名な大工の日当が、『文政年間漫録』という書物によれば銀5匁4分なので、**大工の3日分の給金でも足りない高額**だ。

しかもこの1冊は、文庫本1冊分程度の情報量しかない。だからこそ、江戸期の庶民の間では本は買うより、貸本屋からレンタルして読むのが主流だったのだ。

「見料《けんりょう》」と呼ばれたレンタル料は、本の値段の6分の1程度だったという。新刊本の貸出期間は15日だから、それなりに高額である。旧刊になると、その10分の1程度には見料が下がり、レンタル期間も長くなった。かつてのレンタルビデオ店のシステムのようで面白い。

馬琴は『八犬伝』を天保《てんぽう》13（1842）年まで刊行しつづけた。現代風にいうなら連載が続いたのだが、江戸時代の日本には著作権の概念が輸入されておらず、**人気作家といえども本屋（出版社）に原稿を売った時にしか収入が得られなかった。**

時々大ヒット作が出たり、長期連載が完結した時には何両かのボーナスは出たようだが、本が売れて儲かるのは本屋だけで、当時の作家には原稿料しか手に入らない。また『八犬伝』ですら、実売部数は年間平均600部くらいだったともいう。

それでは「江戸時代最大のベストセラー作家」曲亭馬琴の最大年収とはどの程度だったのか。**人気作品の「連載」がもっとも多く、原稿料も高かった天保年間（1830〜1844年）あたりが、馬琴の作家人生における最盛期**だと考えられる。

当時、「馬琴が本屋から得た収入は、天保2年39両1分、天保3年50両、天保4年46両1分、天保5年42両3分」（長友千代治『江戸時代の貸本屋』、服部仁『曲亭馬琴の文学域』）だった。

この4年間の平均年収が44両だが、すでに幕末であり、1両の価値は下がっているため（幕末の1両＝現在の1万円程度）、通常レートで計算すると、年収44万円というとんでもない低収入になる。

ここで、馬琴の父親の俸給の話の時にも使った「労賃レート」（215ページ）を適用しても、**「ベストセラー作家」馬琴の年収はその最盛期においても440万円**という、反応に困る数字になってしまう。少なくとも富裕ではなかったことだけは確かである。

脱サラ・馬琴が作家業に「しがみつく」しかなかったワケ

金額はともかく、滝沢馬琴が江戸時代を代表する「ベストセラー作家」だったのは間違いない。しかし、そうなれたのは二つの理由によるようだ。

まず、武士の仕事がイヤでたまらなくて「脱サラ」してみた馬琴だが、自活せねばならなかったという**「生活上の必要」**と、執筆がしたくてたまらない**「創作欲」**にさいなまれた結果、馬琴は作家業にしがみつくしかなかったのだ。

たしかに江戸庶民の稼ぎ頭として知られた、大工の推定年収30両（1カ月25日稼働で計算）や、馬琴の父親の推定年収11～12両より、かなり馬琴は稼げている。

しかし、馬琴と同時代にフランスで活躍していたアレクサンドル・デュマが、『三銃士』『モンテ・クリスト伯』の連載中に、少なくとも20万～80万フラン（2億～8億円）を稼ぎ、時のフランス国王ルイ・フィリップ顔負けの豪華な生活を送っていたのとは比べ物にもならない。

実際、馬琴一家の生活はなかなか厳しかったらしい。晩年の馬琴は、自分の孫が武士の身分に復帰できるよう、跡継ぎのいない「四谷《よつや》組《くみ》御《お》持筒同心《もちづつどうしん》」（将軍直属の鉄砲隊）の家に養子に入る権利を買い取ろうとして、大事な蔵書を売り払って工面した200両あまりをあてている。

それだけの出費をして、「三十俵三人扶持《ぶち》」という現在でいえば約200万円弱の低収入にせよ、安定した仕事に孫をつかせてやりたいと考えてしまった馬琴の祖父心が切ない。

長生きに苦しんだ『解体新書』の杉田玄白

日本全体で平均寿命の統計を取りだしたのは明治時代以降の話なのだが、最初の信頼できる数値と考えられるのは、明治24（1891）年の記録だという。ちなみに、この時の日本人の平均寿命は男性が42歳、女性は44歳だった。

「人生五十年」などと謡《うた》われた戦国時代と変わらず、日清戦争を目前とした明治半ばまでの日本人の平均寿命が40代だったのは、**乳幼児期の死亡率が非常に高かった**からだ。

医師・須田《すだ》敬三《けいぞう》が、江戸時代の飛驒高山地方（現在の岐阜県北部）の寺の過去帳をもとに行なった統計では、明和8（1771）年から明治3（1870）年の平均寿命は、男性が27・8歳、女性が28・6歳という結果が出た。

しかし、21歳以上まで生きることができた人の平均寿命は男性が61・4歳、女性が

60・3歳で、そこまで短命とはいえない結果にもなった。
同じようなことが、江戸時代の日本中で起きていたのではないか。

❖ 江戸時代にも「高齢化」が進行していた⁉

江戸時代の**江戸でも人口の1％程度が80代を突破**し、また別の資料では数十年に1人程度の割合にせよ、100歳を超える長寿の人が出現していたというような話がある。

それどころか、現代日本以上の高齢化が進行していた地域さえあった。

江戸時代後期に相当する18世紀前期から19世紀前期にかけ、それまでは5％ほどの比率にとどまっていた60歳以上の人口が、15％を超えてしまう町村が「全国に広く出現していた。高齢化社会は現代日本にはじめて生まれた人口現象ではないのである」（柳谷慶子『江戸時代の老いと看取り』）という興味深い指摘もある。

しかし、長寿はおめでたいことばかりではなかった。

オランダ語医学書『ターヘル・アナトミア』を翻訳し、『解体新書』として発刊する作業に関わった江戸中期の医師・杉田玄白《すぎたげんぱく》は、当時としては稀な長命を誇り、85歳まで生き永らえた。

彼の最期の言葉は**「医事不如自然」**(医事は自然に如《し》かず)で、一般的には「病気の治療にあたっては自然に従った治療・療養の仕方以上のものはない」と訳されるが、晩年の玄白の他の発言を見れば、本当は「医術を尽くして長命を得てもいいことはない」と言いたかったのではないかと思われてならない。

「お元気で羨ましい」——言われるたびにうんざり

玄白は死の前年、84歳の時に『耄耋独語《ぼうてつどくご》』と題したエッセイを残している。「老いぼれの独り言」とでも訳しうるタイトルには、「お元気で羨《うらや》ましい」と言われつづけた玄白が、密かに感じていたプレッシャーが赤裸々に語られているのだ。

「翁《おきな》(=玄白)すでにこの如く不自在なる身となりしを、他より無病なり、達者なり、珍しき長命なりと羨《うらやま》るるは、この苦しみを知らざる人の外目より視《み》し所なり」という告白は興味深い。

意訳すると、「本当は不自由な身体をもてあまし、元気そうにふるまっているだけの私に対し、**周囲が『杉田先生は病気一つ知らぬお達者ぶりですなぁ。珍しいほどのご長命で羨ましい』などと言ってくるのは、老いの苦しみというものを、自分の感覚としては理解していない人が、高齢者の上辺だけを見てコメントしている」**といえるだろうか。


客観的にいえば、玄白は84歳の時点でも、現代では高齢者には不向きとされる和式便器での自力の用足しも可能だった。傍目《はため》には元気な御老体である。

もともと自分は虚弱体質だという自覚のあった玄白は、若年から鍛錬と摂生を好み、70代になっても現役医師として頻繁《ひんぱん》に徒歩で往診に出ていた。また、「源氏会」「軍談会」「道具会」、つまり『源氏物語』の会や、政治、茶道のお道具について語り合う会にも顔を出し、やはり傍目にはとても元気に仲間たちと過ごすことができていた。

このように、趣味に、仕事にと飛び回っていた玄白だが、**筋肉量の減少――現在でいうサルコペニア（加齢による筋肉量の減少にともなう筋力や身体機能の低下）の症**

状が80代を過ぎてからは一気に表面化して、足腰がかなり衰えてしまった。小用のために一日に何度も厠《かわや》に行くのがつらいとか、尿もれというのは不潔でつらいものだ、などと人にはいえないリアルな愚痴《ぐち》を文章に書き重ねている。

❖ 財力があっても「ヘルパーを雇わなかった」ウラ事情

不思議なことに、玄白は経済的に恵まれた富裕層の老人であるにもかかわらず、ヘルパーに相当する下男下女を雇った形跡がない。

公的年金制度がない時代だったが、現役時代の彼には、小浜《おばま》藩医としての「二十五人扶持（＝約44両、約220万円）」の収入があり、副業は日本橋界隈《かいわい》の町医者（＝開業医）をして、毎年400両（＝約2000万円）ほども稼げていた。

しかし当時の日本では、**嫡男が公休を取ってでも親の介護をすることが推奨**されていた。

おそらく玄白が自分の介護用の下男下女を雇わなかったのは、一つに家族が世間体もあって雇わせなかったことに加え、玄白本人が子どもの世話になりたくない一心で亡くなる寸前まで頑張らざるをえなかったのでは……という、当時の長寿のウラ事情が透けて見えるような気がする。

杉田玄白が亡くなったのは文化14（1817）年4月17日だったが、一説には眠るような死だとされる一方で、詳細はあまり伝わってこない。最後まで名医であっても、老いの病だけは治すことはできないと悩みつづける日々だったのではないだろうか。**「長命を願ふハ無益の事なり」**という、かつて玄白が記した一文には、彼が感じずにはいられなかった老いの苦しみのすべてが集約されている。

杉田玄白の本当に素晴らしい仕事は、現代の専門家からいわせれば誤訳だらけだという『解体新書』の翻訳ではなく、「長寿のめでたさ」と「老衰の恐ろしさ」は表裏一体であると語った晩年の著作にこそ見られるのかもしれない。

小林一茶——作風と現実があまりに違いすぎ！

文化13（1816）年の正月、54歳を迎えた俳人・**小林一茶**《こばやしいっさ》はこんな句をつくっている。

「こんな身も　拾ふ神ありて　花の春」

当時の感覚では寿命が尽きてもおかしくはない五十路になって、やっと自分も故郷に帰って結婚できたし、亡父の財産も相続できたので貧乏ではなくなった。世間並みの生活ができるようになった、と心から喜んでいることが伝わってくる。

一茶は、人生最初の妻・菊をその前々年（文化11年）に迎えたばかりだった。菊は妊娠し、その年の4月には子どもが生まれる予定だったから、跡取りがほしくてたまらなかった一茶にとっては、本当に嬉しいことだらけだった正月に違いない。実際、この頃が彼の人生の絶頂だったといえる。

❖子どもほしさのあまり、夜に昼に……

すでに最後の歯の一本までなくなり、病気がちで言葉も不明瞭、原因不明の皮膚病(一説に梅毒《ばいどく》の症状)まで出てしまっていた一茶だが、まさにこの正月から、日記に「交合」というあけすけな言葉を頻繁に書き記すようになった。

すでに菊は妊娠安定期だったので、交わっても不都合はとくになかっただろうが、新たに妊娠することもない。それでも一茶が「交合」にこだわってしまったのは、何か悪い予感でもあったのだろうか。

この年の4月14日、菊は第一子・千太郎を出産した。ところが5月11日、**生まれたばかりの一茶の息子は早くも亡くなってしまった**のだ。そのショックからか、一茶の体調も加速度的に悪化していった。この年の秋頃には、当時の言葉で「ひぜん」——ひどいかゆみをともなう皮膚病が全身に出るようになった。

しかし翌年、つまり文化14（1817）年になると、**次の子ほしさのあまりか、一茶は夜昼に関係なく、1日に何度も菊と「交合」するようになっている。**衝撃的なのは、同年8月8日の日記に出てくる「夜五交合」の文字で、これは菊の「月水（＝生理）」が始まった3日目の晩の話だった。

同年10月2日も「夜三交」、同5日「(昼間から）三交」……と、当時では高齢者とされる年代の男とは思えないハイペースでの「交合」を重ねている。一茶自ら山中に出向いて**「黄精《おうせい》」**という強精効果がある薬草を摘んでくることもあったという。

なぜか、生まれてはすぐに亡くなってしまう子どもたち

しかし、奇怪なことに、**一茶の子は生まれては次々に死んでいく**のだ。

文政《ぶんせい》2（1819）年には第二子・さとが、文政4（1821）年には第三子・石太郎が、文政6（1823）年には第四子・金三郎が死に、ついには妻の菊までも死なせている。

第三子は、菊が背中におぶっている間に絶命していたらしく、一茶は「お前が窒息

死させた」などと妻を責めている。

まるで自分だけが被害者のような一茶の口ぶりにはあきれてしまうが、9年間の結婚生活の中で、4回も妊娠出産を繰り返した菊が亡くなると、一茶は早くも二人目の妻・雪を迎え、62歳で再婚した。しかし、武家出身の彼女と一茶はうまくいかず、半年で離縁している。

すでにこの頃の一茶は、脳梗塞の発作を何度も繰り返し、半身不随と言語障害の症状が強く出ていた。さらに村を襲った大火事のせいで新築した自慢の家も灰になってしまっていた。

それでもなお、**子どもと妻を欲してやまない一茶のために、当時2歳の男の子連れの「やお」という女性がヘルパー代わりにあてがわれることになった。**一茶が64歳の時、文政9（1826）年の話である。

すでに家屋の新築費用など一茶にはないので、やおと二人、敷地内の朽ちかけた土蔵の中で暮らし、交合を重ねた。あばら家ゆえに、夏は中からでもホタルが見られたそうだが、信州の寒く長い冬をどのようにして生き延びたのだろうか。

辞世の句も残さず逝った後に

同じ敷地内に住む家族たちから、一茶は嫌悪の眼差しで見られていてもおかしくない。

一茶ときたら15歳で江戸に丁稚《でっち》奉公《ぼうこう》に出て、それ以降は39歳を過ぎるまで実家にはほとんど寄りつかなかった。それなのに、**亡父と家族が必死に働いて得た家産の半分と、220坪ほどあった実家の土地を、奉行所に訴え出てむりやり平等に分割させているの**だ。

一茶は文才を悪用し、折り合いが悪かった義母は冷淡で何もしない、父親の看護を自分だけが熱心にしているなどという記録文を書いて、奉行所に提出した。本当は自分こそそれまで何もしてこなかったのに、遺産だけを平等に奪い取った一茶と、異母弟たちの家族仲がよいわけがない。たとえ病中でも支援など期待はできなかっただろう。

一茶が突然事切れたのは、やおと結婚した翌年にあたる文政10（1827）年11月19日で、現在の暦では1月にあたる厳冬期だった。本人には死ぬ気などなかったらしく、俳人でありながら辞世らしい辞世は何も残していない。やりたい放題だった一茶にはふさわしい最期といえるだろうか。享年65歳だった。

やはり**死ぬ間際まで交合には励んでいたようで、一茶が亡くなってから半年後、やおは元気な女の子を出産した。「やた」と名付けられたこの娘だけは、これまでの子どもとは違って元気そのもので、すくすくと育っていった。**

あれだけ望んでいた妻と子どもと自分というおだやかな家庭生活が手に入るという矢先で、一茶の寿命は尽きてしまったのだ。

「子どもらを 心でおがむ 夜寒かな」と描かれた一茶晩年の作品

本当に坂本龍馬を殺したのは誰か？

慶応《けいおう》3（1867）年11月15日の**近江屋事件**にはあまりに謎が多い。小栗流と北辰《ほくしん》一刀流《いっとう》の二流派で「免許皆伝」ではないにせよ、「目録」までもらっていた**坂本龍馬**と、禁門の変、馬関《ばかん》戦争など、数々の幕末の戦を前線で戦った**中岡慎太郎《なかおかしんたろう》という二人の剣客が、一瞬で致命傷を負わされてしまった**のだ。

「坂本龍馬を殺した男」は「自称」を含めると、実は大勢いる。かつては新選組の斎藤一《はじめ》などのビッグネームの関与が囁《ささや》かれた。新選組の関与は疑われつづけており、事件直後、新選組の大石鍬次郎《おおいしくわじろう》という人物が拷問《ごうもん》を受けた末に虚偽内容を自白させられ、その後は否定しつづけたにもかかわらず、スピード処刑を免れなかったのだが、実に怪しいことばかりなのだ。

闇にうごめく面々――次々と出てくる〝真犯人〟

大石は真犯人と考えられる人物の名前を何人か挙げたが、考慮もされなかった。その中に含まれていた**今井信郎《いまいのぶお》は、現在、真犯人と目《もく》される人物**である。今井は新選組同様に、京都市中を警護していた見廻組《みまわりぐみ》（京都見廻組）という組織に属していた。

明治2（1869）年の箱館戦争で負傷し、新政府軍に捕らえられた今井は「余罪」として坂本・中岡暗殺計画に**「協力した」**と発言している。

しかし、明治5（1872）年、わずか3年の服役で特赦を得て出獄しており、よほど**当時の政府の中枢にいる人物に都合の悪い真実を知っていたのではないか**と噂されている。

そしてその後、明治33（1900）年になって、「協力」ではなく**「坂本龍馬を殺したのは私だ」**などと言いだした。当時、今井が連れていた二人の見廻組隊士はすでに亡くなっていた。しかし近年では、今井が帯同していた桂早之助《かつらはやのすけ》こそが、坂本に致命傷を与えたという「新説」に注目が集まっている。

❖ 現場に残された証拠、矛盾する証言……深まる謎

いずれにせよ、ドラマなどの龍馬暗殺シーンでは、坂本と中岡の前に見知らぬ男たちが現われ、「坂本先生お久しぶりです」「はて、どなたかな」という挨拶もそこそこに斬り掛かられ、大乱戦になった様子が描かれがちだ。

今も人々に愛される坂本龍馬。
その死は謎に包まれている

しかし事件当日、坂本と中岡がいた近江屋の土蔵の2階の8畳間は、階段とつながった6畳間と坂本たちの居室の間に、8畳間をもう一つ挟《はさ》んだ間取りだった。

つまり、会話もなく戦闘を始めるには、坂本と中岡のいる8畳の間に横たわる14畳間ほどの距離を、鳥が飛ぶような速さで駆け抜ける必要があり、さすがにその間に坂

本と中岡が立ち上がらないはずがない。

しかも、坂本は**額《ひたい》を真横に斬り込まれている**。その時の血が下方から上方に向け、彼が背にして座っていた床の間の掛け軸に飛び散っているので、坂本は着座のまま、至近距離から傷を受けたという状況証拠は揺るがない。

最初に斬り掛かられたのも坂本だろう。中岡の後頭部にも鋭い一撃が加えられているため、坂本が斬られたのを見て、**背後に置いていた刀を取ろうと振り返った瞬間、やはり中岡も頭に剣撃を受けた**ようだ。

坂本がそのまま昏倒《こんとう》したので、剣客たちは主に中岡とやりあった。そして全身11箇所も斬りつけられた末に中岡は倒れた。虫の息の二人を置いて、刺客は「もういい」などと、鼻歌を歌いながら退散していったという。

❖ 実は「内輪もめ」だった?

事件が起きたのは真冬の夜9時頃で、当時の時間感覚では真夜中に近かったようだ。

そして**坂本たちが変名で近江屋に潜伏していたのは、刺客からの襲撃を避けるためだ**

ったのに、**「深夜」に見知らぬ男たちの訪問を受け、彼らを身近に引き入れ、親しく語り合うような事態そのものが不審といえる。**

それゆえ、坂本を殺したのは実は中岡であるという説まで囁かれる。

実際、近江屋事件の直前にあたる慶応3(1867)年10月14日の大政奉還という大事件についても、徳川慶喜《よしのぶ》が政治の実権を朝廷に返還したことだけで「もう十分だ」と坂本は考えていた。

対し、「それでは不十分だ、徳川家はすぐに復活する。武力倒幕をあきらめてはならない」と中岡は主張しており、事件当日、火鉢を挟んで議論していたはずの二人の間によい空気など流れていたはずがない。

しかし、中岡はそれだけで坂本に斬り掛かるほど短絡的な人物ではなかった。そもそも暗殺目的で第一撃を加える時、頭部などを狙うのは下策なのだ。脳を攻撃されても、人はなかなか死なないから、本気で命を奪いたいのであれば、心臓を狙うべきといえる。

つまり、**坂本と中岡の二人が頭部に深い傷を負っていることが、同士《どうし》討《う》ちではない**

証《あか》しといえるのではないか。

二人の斬りつけられ方を見ると、圧倒的な強さに加え、よほど両者に怨恨《えんこん》がある人物の仕業《しわざ》だったことがうかがえる。これらの犯行の特徴から、やはり**徳川家の忠実な臣を自任する見廻組の誰かの犯行**と見てよいだろう。見廻組のテリトリーは二条城や御所の周辺で近江屋があった繁華街はむしろ新選組の勢力下だったが、これも逆に見廻組の関与の可能性を感じさせる。

坂本・中岡の同士討ちはなさそうだが、**中岡が対立深まる坂本を暗殺させるべく、見廻組を利用しようとしたという線**は案外、ありうる話なのかもしれない。

この場合、「自分だけ無傷では坂本龍馬暗殺の共謀者になってしまうから、死なない程度に傷を負わせてくれ」などと頼んでいたところ、見廻組から「この下郎《げろう》」とばかりに、坂本以上の手傷を負わされてしまったというあたりだろうか。

龍馬の遺体の横に並べられた、まだ生きている中岡

中岡慎太郎が亡くなったのは、事件から2日後の17日の夕方頃だったという。

坂本はすでに事切れており、二人と同時に襲撃され、背中に致命傷を受けていた坂本の用心棒・山田《やまだ》藤吉《とうきち》も事件翌日の16日に亡くなり、中岡だけは必死に生きようと頑張っていたのだが、やはり17日の夕方頃に意識が遠のいて絶命したので、三人は合同葬となった。

しかし、坂本を慕う海援隊・陸援隊、そして土佐藩、薩摩藩、長州藩の面々が次々と彼の遺体に最後の挨拶にやってきたため、**実質的な通夜が開催されてしまっていた。警護の観点から、葬儀をまとめてしたいという関係者の思いは、瀕死《ひんし》（まだ生きていた）の中岡にも伝わってしまっていたと思われる。なかなかに酷な話だ。**

18日午後2時頃（諸説あり）に近江屋を出棺した三人の遺体は、関係者の護衛を受けながら葬列を組んで運ばれ、京都・東山にある高台寺《こうだいじ》の裏地の霊山《りょうぜん》墓地（現在の京都霊山護国神社）に土葬された。

坂本・中岡の暗殺事件については、瀕死の状態でも話すことができた中岡の証言をはじめ、関係者たちの矛盾しあった証言が、大正時代に岩崎鏡川《いわさききょうせん》という歴史家の編集によって一つの「ストーリー」になるまで整形されたものにすぎず、本当の坂本龍馬殺害犯はまた別にいるのかもしれない。

5章

偉業を成し遂げた偉人にも必ず「もう一つの顔」がある

近代

……お札になる人、ドラマの主人公になる人たちの不適切な物語

初代内閣総理大臣・伊藤博文の度を超した「女好き」

明治時代の日本は、「エラい男性」の女性問題に非常に寛容だった。この手の問題に厳しかったのは福沢諭吉《ふくざわゆきち》くらいのものだ。

認知していない子どもの数まで含めると、不明というくらいの艶福家《えんぷくか》だった渋沢栄一《しぶさわえいいち》にいわせると、彼に夜の遊びを教えた師匠が**初代内閣総理大臣・伊藤博文《いとうひろぶみ》**だったらしい。

伊藤は「予は寡欲《かよく》で、貯蓄ということを毛頭存ぜぬ。麗《うるわ》しき家屋に住もうという考えもなければ、巨万の財産を貯えるという望みもなく、ただ公務の余暇に芸妓を相手にするのが何よりの楽しみ」と悪びれることなく公言していた。

「お金を貯め込んだり、豪華なお屋敷に住んだりするのには興味がない私は芸者と遊ぶのが唯一の楽しみ」との意味で、女遊びくらい許してよ……と言いたかったのだろう。

伊藤の人生に、女遊びはなくてはならないものだったらしく、明治天皇があまりに奔放な伊藤の女遊びを咎《とが》め、「伊藤、いい加減にしなさい」と注意した逸話は有名だが、伊藤には天皇の御前に伺候《しこう》する時でさえ、芸者を連れて出かけたという驚がくの記録があるほどだ。

「伊藤博文と寝た」という勲章

既婚男性の「女遊び」を「ささやかな楽しみ」と捉《とら》えているのに、時代の違いを感じずにはいられないが、伊藤は**一度寝た女性以外は信頼しなかった**ので、大きな認知の歪《ゆが》みを感じなくもない。

しかし、伊藤の遊び相手は、彼の庇護《ひご》を得て出世した教育者・下田《しもだ》歌子《うたこ》などのわずかな例外を除き、おおむねプロの女性、とりわけ**芸者**だったというところに、伊藤なりの「配慮」は感じられる。

また、芸者が属する花柳界《かりゅうかい》には、自分を贔屓《ひいき》にしてくれた男性が「エラい男性」であればあるほど、女性たちもその威光にあやかって出世を重ねていけるという価値観があった。そのため、**「伊藤博文と寝た」という経歴は女性にとってプラスにしかならず、自分から大声で主張すべき名誉であった。**

伊藤から寵愛《ちょうあい》された**樋田千穂《ひだちほ》**という女性も、大阪で「小吉」という源氏名で芸者をしていた明治33（1900）年頃から、「天下の伊藤公」と寝た女という事実を名刺代わりに使って、花柳界で出世した。

樋田によると、彼女は伊藤博文が「お爺《じい》さん」ではあるが「天下の伊藤公」であることに最大の価値を見出し、「惚《ほ》れてはゐませんでしたけれども、（夜の方面でも）お相手をいたしました」という。

しかも、彼女は惚れていないとはいいながら、伊藤の悪口を聞くと腹を立て、御前（伊藤）は芸者たちを二人同時に相手にするような下品なことはしていないと擁護《ようご》までしている。

「かはるがはる」というお盛んぶり

彼女の自伝には、芸者・小吉時代の思い出として、小田原の伊藤の邸宅・滄浪閣《そうろうかく》にまで大阪から呼び出されていた時の逸話が出てくる。

伊藤は、小吉と文公という二人の芸者を招き、自邸に滞在させて「夜は大抵かはるがはるご用をつとめ」させていたらしい。

「かはるがはる」というのは、二人同時という意味ではない。1日ごとに伊藤の夜の相手をつとめるという意味だ。たしかに同時ではないにしても、大阪から呼び出した二人の芸者を交代で抱いていたのは事実なのだった。

セックスが非番の芸者は「今夜はおのしは退《すさ》って休むがよい」といわれ、隣の部屋でのびのびと寝ていられたそうだ。そして事が終わった時、伊藤が枕元の鈴を「チリリン」と鳴らすので、それからは伊藤を真ん中に三人が川の字になって一つの蒲団で寝たという（樋田千穂『新橋生活四十年』）。これが毎日、一つ屋根の下に伊藤の正妻・梅子がいる屋敷の中で行なわれていたのだ。

しかも彼女たち芸者衆は**梅子夫人からは歓待され、伊藤家には「顔パス」で出入りできた**という。

伊藤家のみならず、当時の上流婦人は、年始には夫が贔屓にしている芸者たちから挨拶を受け、年玉をくれてやるだけの鷹揚《おうよう》さがなくては務まらなかった。現在、こういう感覚で生きている政治関係者は一人もいないだろう。

女性からけっして悪く言われない「懐の深さ」とは

伊藤から小吉に与えられていた毎月のお手当は200円で、当時の1円＝現在の1万円程度と考えられるので、**月収200万円**ということになる。内閣総理大臣の愛人ともなれば、とんでもない高収入が期待できたものだ。

また愛人契約が終了した後も、伊藤は小吉こと樋田千穂を庇護しつづけ、彼女は新橋の料亭（待合）・田中屋の女将《おかみ》になっているし、その実経験を踏まえて、孫娘にも「つまらない男と結婚するくらいなら、一流の男の妾《めかけ》になりなさい」と教えていた。

樋田千穂と同様に築地の待合「トンボ」の女将になった佐川琴も、吉原の芸者時代に伊藤のお手付きだったことを公言しており、このような女性が日本中にいたのである。

総じて伊藤は羽振りがよいだけでなく、エラぶらず、とても優しかったらしい。

尾道《おのみち》（現在の広島県尾道市）から伊藤の世話で上京し、新橋の「竹伊東」という店にいた玉蝶という芸者は床上手だった反面、夜尿症でもあったので、伊藤は時間を決めて玉蝶を起こし、厠《かわや》に連れて行ったという。

芸者たちから何かをねだられた時、伊藤は必ず「よろしい」というので**「よろしいの御前」**と呼ばれていた逸話は有名だ。小柄な伊藤には大きなカリスマ性が備わっていたので、他の男たちと並んでいてもひときわ伊藤が大きく見えたという証言もある。

現代的な視点からは炎上要素しか見当たらない伊藤博文の夜の生活ではあるが、彼になんともいえない魅力と人徳があるせいで、芸者たちからまったく非難などされていない点には驚かされてしまう。

平気で科研費を使い込む植物学者・牧野富太郎のヤバすぎる倫理観

近年、ＮＨＫの「朝ドラ」の主人公のモデルとなったことで、再注目を浴びている**天才植物学者・牧野《まきの》富太郎《とみたろう》**。自身の興味関心、欲望にひたすら忠実な姿は「らんまん」と見えなくもないが、実際の彼は修羅の道の真ん中をずんずんと歩いていくような人物であった。

長年、現在の東京大学で研究生活に勤《いそ》しんだ牧野だが、本人の回想録によると「私が（大学の）学位を貰《もら》ったのは昭和二（１９２７）年四月」で、彼が65歳の時であった。

つまりそれまで牧野の最終学歴は、小学校中退にすぎなかったのである。それで東大の研究者だったことには驚く他ないが、牧野には数々の実績があった。

明治23（１８９０）年、牧野は東京の江戸川で「ムジナモ」という新種の食虫植物を発見し、東大の助手として採用されている。

しかし、それまでは入学さえしていない東大の研究室を拠点に「植物こそが愛人」と公言しながら、仕立てのよい洋装で野山を土まみれ、泥まみれになって歩き回って植物採集に興じているだけの〝謎の人物〟でしかなかった。

お金もないのに高級旅館に泊まりつづけた男

まさに天衣無縫《てんいむほう》――彼にそうした奇行を許していた最大のスポンサーが、牧野の実家の造り酒屋**「岸屋」**だったのだが、**牧野からの凄まじい振込要請に耐えきれず、財政破綻**してしまった。それが明治24(1891)年のことである。

この当時、牧野は東大の研究室から植物学の専門誌を出そうとしており、どうせ出すなら理想の雑誌を刷り上げたいがために、なんと印刷機を買う金まで実家にせびっていたのだ。

その頃の岸屋は、牧野にとっては戸籍上の妻にすぎない**従姉妹《いとこ》の猶《なお》**によって運営されていたのだが、不幸にも猶が牧野に惚れて彼の言いなりだったために大変なことになってしまった。

牧野から望まれるがままに送金を繰り返し、岸屋を破産させた猶から懇願された彼は、1年ほど高知に財産整理で戻ることになった。

牧野には高知に猶という妻がいるのに、東京にも、飯田橋で駄菓子屋を営む没落士族出身の少女・**寿衛《すえ》**と、彼女に産ませた娘がいた。寿衛一人に娘を押し付けての高知行きでは、**実家が破産しているにもかかわらず、宿泊代だけで総額80円（現在の80万円）もかかる高級旅館に滞在している。**そのうえ牧野は、「高知西洋音楽会」を組織し、クラシック音楽の普及活動に夢中になってもいるのだ。

東京に取り残された寿衛と長女は困窮のあまり病気になり、娘は「父ちゃん、父ちゃん」と不在の牧野を呼びながら死んでしまった。また、寿衛から送られてくる助けを求める手紙に、牧野は一度も返信を書かなかったという。

最終的に、牧野は岸屋の経営権を譲る代わりに、形だけの妻だった従姉妹の猶とは離縁した。こうして、内縁関係だった寿衛とは正式に結婚できることになったのだが、病気の長女を見捨て、自身は高級旅館に宿泊し、よくわからない音楽普及活動に興じていた男と結婚を決意する寿衛もなかなかの女ではある。寿衛は結婚に反対する実家から縁切りされてしまったともいわれるが、それもしかたない話だろう。

❖止められない浪費癖を支えた「二人のパトロン」

裕福な実家という後ろ盾を失ったにもかかわらず、牧野の浪費癖《へき》はその後も止まらず、東大助手として与えられる給料の範囲で生活し、研究も行なうという理性など微《み》塵《じん》も働かぬままだった。

地方に行く時は、一等車に乗って一流の旅館に泊まるのだが、そんな貴族的な贅沢《ぜいたく》が薄給の大学助手に許されるわけもなく、**彼の借金は今でいえば数千万円にまで膨《ふく》れ上がってしまった。**

この当時、「東大関係者」という肩書だけで、それほどの大金が借りられたこと自体が驚きなのだが、巨額の借金を肩代わりしてくれるパトロンまで牧野の人生には二度も現われた。

最初の救世主は、**三菱財閥創始者の岩崎弥太郎《いわさきやたろう》の弟・弥之助《やのすけ》**で、彼が牧野と同じ土佐に生まれた縁もあっての支援だったが、借金が消えた安心感から、さらなる巨額を使い込むようになった牧野の首は、すぐに回らなくなってしまった。

ところが、ここに二人目の救世主が現われる。神戸の大地主で、当時まだ25歳の**池長孟《いけながはじめ》**（名は「たけし」とも）だ。牧野が作製した膨大な植物標本だけを担保に、彼は借金の肩代わりをしてくれただけでなく、関西に来た時には神戸の別荘での宿泊を許可し、そこで身の回りの世話をするメイドまでつけてくれたのである。

50代なのに……この「性」のエネルギー

しかし……牧野は「植物が愛人」といいながらも、寿衛に13人もの子を産ませた性豪で、当時すでに50代だったのだが、このメイドにも手出ししてしまったのである。

また、神戸福原遊郭《ゆうかく》の長谷川楼という「安女郎屋」に入り浸り、**池長に渡された研究**

費から「数百円」（＝数百万円）を使い切っていたこともバレてしまった。

当然ながら、牧野と池長の関係は悪化し、出資額を大幅に減らされてしまっている。

それでも牧野は「いろいろなことがあったが、池長氏とは関係がまだ続いている（要約）」と、自伝の中で恐ろしいほどポジティブにひどい現実を翻訳して語っているので、この人のおめでたさには感嘆させられてしまうのだ。

パワフルすぎる牧野の原動力は、やはり性《せい》のエネルギーだったらしい。「性の力の尽きたる人は、呼吸《いき》をしている死んだ人」という歌を晩年に詠んでいる。

当時の日本ですら、かなりギリギリな生き様だった気はするが、現在ならば、その性の問題ゆえに、いくら天才を発揮していても社会的な息の根を止められていた気はする。

牧野のように「破天荒《はてんこう》な人間であるからこそ、常人には得られないような視点で学問ができる」と口で言うのは容易《たやす》い。太宰治《だざいおさむ》や中原中也《なかはらちゅうや》といった無頼派《ぶらいは》の芸術家はいても、無頼派の科学者という肩書にふさわしい生き方ができたのは、日本史、いや世界史を見渡しても牧野富太郎くらいだったのではないか。

渋沢栄一が自伝では書き残せなかった話

明治時代の伝説的実業家・**渋沢栄一**。幕末の志士の一人として、その後は明治新政府の役人として働いていたが、明治6（1873）年に大蔵省を辞めてからは、民間の経済人として活動を開始する。

この頃から、彼の金運は大いに開けた。明治20（1887）年の渋沢の所得は、9万7316円（現在の価値にすると約4億円弱）。渋沢はそうした利益を東京養育院や、数々の学校を設立するなどの**福祉・教育事業に惜しげもなく投入**している。

渋沢は来るもの拒まずの性格だったから交友関係は広かったのだが、それでも彼が幕末のスターである新選組副長・土方歳三《ひじかたとしぞう》を「友人だった」と発言しているのは少々意外な気がする。

土方より5歳年下の渋沢は、武蔵国血洗島《むさしのくにちあらいじま》（現在の埼玉県深谷市）の豪農出身で、一時は倒幕派だったものの経営センスを買われ、一橋家に仕官することになった。のちには徳川慶喜《とくがわよしのぶ》から才能を評価され、明治以降も彼の側近として活動した。

それとは対照的に幕末に一瞬だけ輝き、消えていった新選組副長・土方歳三のような人物と渋沢栄一に「友人」としての接点は本当にありえたのだろうか？

幕末・動乱の京都で起きていたこと

渋沢栄一が従兄弟《いとこ》の喜作《きさく》と共に動乱の京都に向かったのは文久《ぶんきゅう》3（1863）年末のことだった。

ちょうどこの年の2月、現在の東京・日野市の農民の家に生まれた土方歳三も同郷の近藤勇《こんどういさみ》たちと共に「浪士組《ろうしぐみ》」を結成し、京都に到着していた。当時、14代将軍・徳川家茂《いえもち》の上洛《じょうらく》が予定されており、その警護のためだった。

渋沢が京都に行くことになったのも、彼が仕える慶喜が家茂とともに孝明《こうめい》天皇から攘夷《じょうい》（外国人排斥運動）の件で呼び出されていたので、土方とほぼ同じような理由での上洛だった。

しかし、渋沢たち一行は京都に到着して早々、新選組とりわけ土方歳三の名前を先輩たちから恐ろしいものを語るような口調で聞かされていたのではないか。

土方と近藤は、京都に到着した文久3年のうちに新選組を結成し、初代組長・芹沢《せりざわ》鴨《かも》のもと、すでに大活躍を見せていた。とくに土方は有名だったが、本当はそれは汚名というべきものだったかもしれない。

この年の8月、その名も「八月十八日の政変」というクーデターが起きていた。それまで朝廷関係者の間を暗躍し、尊皇攘夷を推し進めてきた長州藩の面々やその協力者は、孝明天皇の支持を失い、京都から追い出されてしまった。**この事件の「後始末」を担い、残虐な手口で京都中を震え上がらせたのが土方だった**のである。

他にも初代組長・芹沢鴨の粛清など数々の所業の末、新選組が最盛期を迎えたのは結成から1年後の元治《げんじ》元（1864）年だったという。この頃の平隊士《ひらたいし》の月給が10両（＝100万円）で、副長の土方は40両（＝400万円）もらっていたことが、「新選組最強の剣士」だとされる永倉新八《ながくらしんぱち》の証言からわかっている（215ページと同じ幕末の「労賃レート」で換算）。

幕臣だった渋沢栄一（左）と新選組の土方歳三（右）。
この二人にはどのようなつながりがあったのか——？

当時の渋沢の年収は土方の月収の半分にも満たない。同じ京都にいるとはいえ、当時の渋沢と土方の仕事内容と財布の中身はまったく違っており、本当に友人になれるような素地はあったのだろうかと訝《いぶか》しみたくもなる。

「土方歳三は、私の友達だ」発言の裏側

しかし、晩年の渋沢による「土方は友人だ」という発言は、渋沢の四男・渋沢秀雄が著した『渋沢栄一』という本の中にたしかに登場している。

ある時、秀雄が「時代物」の本を栄一に朗読して聞かせていた時、新選組・土方歳三の名前が出てくると、栄一が「もう一度、そこを読んで」と頼んだそうだ。そして**「土方歳三は、私の友達だ」という言葉が飛び出てきたのである。**

京都にいた時の渋沢の身分は、徳川慶喜が将軍職についたことで一橋家家臣から幕臣に切り替わり、「陸軍奉行支配調役」なるお役目が任せられていた。

ある日、大沢源次郎《おおさわげんじろう》なる問題人物の捕縛を命じられた時に新選組が護衛としてつい

てきて、**大沢を逮捕する時の渋沢の「口上」がよかったと土方から褒《ほ》められた**のだという。

「(土方は)キミはもともと武家の出かとたずねた。そこで、いや、百姓だと答えたところが、彼はひどく感心してね。とかく理論の立つ人は勇気がなく、勇気のある人は理論を無視する。キミは両方いける」(渋沢秀雄『渋沢栄一』)と言われたのだとか。残念ながら、これ以上の土方と渋沢の交友は史料には見られないし、子孫に語ることもなかった。しかし、渋沢が話を盛ったとは思えないところがある。

渋沢秀雄の『渋沢栄一』という本には時期などは不明とされているのだが、渋沢が新選組の隊士の誰かの恋人絡《がら》みの騒動に巻き込まれたことが記されている。女好きだった渋沢が新選組関係者の恋人に手を出してしまったのではないだろうか。

血の気の多い新選組の隊士たちから自宅を襲撃され、殺されそうになったのだが、なんと「話し合い」だけで隊士たちはすんなり帰ってくれたのだという。

普通ならば、血祭りにあげられそうな状況だったが、渋沢は土方歳三の名前を出して、隊士たちを黙らせたのかもしれない。また、こういう時に名前を使われても、笑って許してもらえる程度には渋沢と土方とは親しかったのではないだろうか。

さらに、土方との友人づき合いは京都に数ある色街――祇園や島原を舞台にした交友だったのではないか。色街での渋沢の遊興費は土方の財布から出ていたのではないか……などと想像は広がるのだが、確かにこれらは自伝には残したくない類《たぐ》いの話だし、とりわけ子孫には語りたくない。渋沢の場合、自伝の類いに残されていない話のほうがよほど面白そうだ。

終戦直後に現われた「熊沢天皇」はGHQの陰謀だったのか？

第二次世界大戦後の日本各地で、約20人もの自称・天皇が出現していたことはご存じだろうか。これは戦前にはなかった「言論の自由」の登場と、敗戦によって皇室の人気と権威が一気に揺らいだことの証明だといえる。

怪しげな自称・天皇たちの中で「大本命」とされたのが、いわゆる**「熊沢《くまざわ》天皇」こと熊沢寛道《ひろみち》**であった。

もともと天皇家の歴史は「万世一系《ばんせいいっけい》」――古代から現代までの約2000年間、男系相続によって受け継がれてきた。戦後、「天皇」を自称する輩《やから》が、まるで雨後《うご》の筍《たけのこ》のように発生する原因となったのは、14世紀半ばの約57年間に相当する**「南北朝時代」**である。

菊の御紋の前で写真に収まる熊沢寛道とその家族。
熊沢は自らを「高貴な血統の末裔」と主張した

『ライフ』『ニューズウィーク』誌にも登場した熊沢天皇

南北朝時代の日本には、**南朝と北朝という二つの皇室があった。**文字どおりの乱世ゆえに、皇室関係者でさえ経歴が確かではないケースも多々あり、偽《にせ》の系図をつくる素材としてはもってこいだったのだ。

そして江戸時代には富裕な商人や農村の地主の間で、貧しきインテリの代表格だった神社の神主などに依頼し、**自分たちの家系を高貴な血統の末裔《まつえい》に仕立て上げることが流行した。その時に悪用されたのが、歴史の空白地点ともいえる南北朝時代である。**

先祖の気まぐれでつくられた偽の系図や、

血統を保証する偽の文物が家宝として、しかもそれなりの期間受け継がれていった結果、それを子孫たちが「真実」として信じ込んでしまうケースがありえたのである。
ある意味、彼らも詐欺の「被害者」ではあったのだが、熊沢天皇はその中でも最強格の自称・天皇であった。

敗戦の翌年にあたる昭和21（1946）年のお正月に、昭和天皇による「人間宣言」が行なわれた。**その直後の1月18日、熊沢天皇が英字新聞『Pacific Stars and Stripes』において鮮烈なデビューを遂げている。**

「星条旗」を意味するこの日刊新聞は全編英語で、日本と韓国で無料配布されていたアメリカ軍の機関紙であった。**熊沢天皇の登場は、国民の天皇家に対する信頼をさらに低下させるべく、GHQによって周到に計画された「陰謀」だったともいわれる。**

同年中にアメリカの有名写真雑誌『ライフ』誌にも2ページにおよぶ写真入りの熊沢のインタビュー記事が掲載され、他にも『ニューズウィーク』誌に「皇位要求者」との見出しで、熊沢天皇の記事が掲載された。

❖ われこそは「南朝の正統後継者」という根拠

南朝の正統後継者を自称する熊沢天皇こと、熊沢寛道は当時56歳。すでに頭は禿《は》げ上がり、現代人の目には70代にも見える風貌で、名古屋市千種区内の洋品雑貨屋「日の出や」で店主をしていた。

熊沢家は愛知県が本拠地の資産家一族で、総本家、本家、分家などに細分されていた。しかも同じ熊沢一族なのに、各家によって家紋がまるで違っている。

愛知県・一宮市の時之島《ときのしま》という地域の熊沢家は二つあり、**「上《かみ》の熊沢」の紋はなんと徳川家と同じ「葵《あおい》」**。そして**「下《しも》の熊沢」の紋はさらに驚いたことに、「十六弁の菊」**だった（大野芳『天皇の暗号』）。

ただし、「十六弁の菊」とはいえ、**天皇家の御紋は八重の十六弁の菊**なので正確には違っている。熊沢家がいつからこれらの御紋を使っているのかについては、筆者が調査した限りでは不明だったが、なかなか奇妙な事態だといえよう。

熊沢寛道は、熊沢分家の出身だったが、複数存在する本家の一つの当主だった熊沢大然《ひろしか》に実子がおらず、その養子に迎えられていた。そして、養父・大然の「民間から皇族へ」という野望を引き継いでしまったようだ。

戦前の**大日本帝国時代には、朝鮮や琉球の王族が日本の皇族と同等に扱われる例があった。**熊沢大然は、熊沢家に伝わる家系図のとおり、自分たちは「南朝」の直系子孫（現在の天皇家は「北朝」の直系子孫）なのだから、われわれも「皇族」もしくは「準皇族」的な存在にしてもらえるのではないかという野望を抱いていた。

そこで明治39（１９０６）年、お手製の「調査書」を添付した「皇統認定の請願書」を、広橋賢光《ひろはしまさみつ》伯爵など複数の華族たちの推薦文と共に、帝国古蹟調査会なる団体に提出したのである。

その請願書は明治天皇の側近で、内大臣の徳大寺《とくだいじ》実則《さねつね》の手に渡るところまではいったのだが、そこで黙殺されてしまった。少なくとも史料上はそうなる。

しかし、熊沢大然はあきらめられず、大正元（１９１２）年に請願書をもう一度提出し、再び却下された後の大正４（１９１５）年、突然倒れて帰らぬ人となった。

これらの運動に巨額を費やした大然には、ただでは引き下がれないという思いがあったのだろう。「貴家（熊沢家）を南朝の正統と、帝国古蹟調査会と明治天皇ご本人が認めた」という徳大寺実則からの伝言があったなどと、養子に迎えた寛道（のちの熊沢天皇）には語っていたらしい。

共犯者か？　被害者か？「GHQの手のひら返し」

もちろん熊沢大然の発言にはなんの証拠もないのだが、戦後のドサクサに自称・天皇として全世界デビューを遂げた寛道にとっては、疑いようのない「真実」だったのだろう。**天皇家の権威が揺らいだ今ならば、養父の悲願を叶えられるかもしれない**という一縷《いちる》の望みを抱いて登場を果たしたといえるのだ。

そして一時はGHQからも注目されたのだが、「成功」は本当に瞬間的なものだった。系図だけでなく、熊沢家に代々伝わる「南朝の御神宝」も寺に預けていたが盗難されたとか、すべての主張がアヤフヤだったからだ。

昭和21（1946）年から昭和29（1954）年にかけて、昭和天皇は全国津々浦々を巡幸し、敗戦にうちひしがれた人々を励まして回った。

この時の民衆の姿を見て、**いかに天皇という存在が日本人から必要とされているかを痛感したGHQは、天皇制廃止や天皇家の交代はあってはならないことだと認め、熊沢家の主張も完全に退けられてしまったのである。**

しかし、あきらめきれない熊沢天皇の迷走はその後も続いた。先祖が南朝に仕える武士だったと自称する吉田長蔵《よしだちようぞう》という人物の売名に使われ、昭和天皇を天皇不適格者として裁判所に訴えて却下されたことまであったが、その行為によって熊沢天皇こそがハリボテの偽天皇であることが日本中に伝わり、嘲笑《ちようしよう》の的《まと》となった。

晩年になっても熊沢天皇の主張は揺らがず、昭和32（1957）年から翌年頃には、天皇を退位して法皇になると宣言し、出家してもいないのに大延《だいえん》法皇を名乗った。

しかしその生活は、東京・池袋や練馬などのマッサージ師夫婦の家に転がり込んで世話してもらうしかない窮状が続いていた。地元・愛知ではもちろん、一家で移住した大阪でさえ暮らせなくなり、家族からも見捨てられてしまったので、66歳以降は東京にて単身で生活せざるをえなくなったのだと思われる。

昭和41（1966）年6月11日、板橋の宗教施設で亡くなった時には、『週刊サンケイ』（昭和41年7月4日号）などに熊沢天皇の死亡記事は掲載されたが、大きなニュースにはならなかった。あまりに不条理な76年の人生であった。

太宰治は「ある制度」で死へと追い詰められた？

昭和23（1948）年6月13日、人気小説家・**太宰治**が、愛人の山崎富栄《やまざきとみえ》と玉川上水に入水自殺したと告げるニュースが梅雨時の世間を駆けめぐった。

太宰治の人気は戦後になって急上昇し、大作家の一人に数えられるようになっていた。そんな時期の心中は理屈に合わず、富栄から「一緒に死んで」と強く望まれたのを優柔不断な太宰が断りきれなかった。いわば彼女に太宰は殺されたようなものだ……という説が、太宰研究家の相馬正一などによって唱えられ、文学史的にも定着している。

しかし、実際はそんなセンチメンタルな話だったとは思えない。戦前には知る人ぞ知るという程度の作家だった太宰だが、戦後すぐに没落貴族を描いた『斜陽』の成功で一躍人気作家に仲間入りできたものの、仕事量の激増に耐えられず、酒やタバコ、時にはクスリまで濫用《らんよう》した。そのため、持病の肺結核が急速に進み、喀血《かっけつ》を繰り返すようになっていたのである。

太宰の心身の消耗はあまりに激しく、とても生きつづけられないと感じた太宰が純情な富栄を丸め込み、心中に持ち込んだのが真実に近いのではないか……と思われる。

❖「死ぬ気で恋愛してみないか」

太宰の自殺の前年、つまり昭和22（1947）年3月、彼は屋台のうどん屋で飲んでいた時に美容師の山崎富栄と偶然出会い、惹《ひ》かれ合うようになった。そしてその2カ月後、**太宰は富栄に「死ぬ気で恋愛してみないか」というあまりに気障《きざ》なセリフで愛を告白し、愛人関係となったのである。**

しかし、**すでに太宰は既婚者**だった。彼の正妻は津島美知子《つしまみちこ》で、太田静子《おおたしずこ》という愛人もいた。まぁ、太宰の態度を見ていると、静子との関係は本当の愛人というより、創作のための打算が絡んだものだったようにも思われる。

戦前は名医の令嬢だったが父に早死にされ、没落してしまった太田静子の半生と、彼女の日記を素材にして新作『斜陽』を仕上げようと思いついた太宰が、計算ずくで静子に接近したというのが、男女の愛情という部分よりも大きいようだ。

昭和22（1947）年2月後半、太宰は静子から求められるまま、彼女が所有する小田原・下曽我《しもそが》にあった大雄山荘を訪ね、「あなたの赤ちゃんがほしい」という願いを叶える代わり、日記を借りることに成功した。そしてその直後の3月、太宰と山崎富栄は屋台のうどん屋で出会ってしまったのである。

数々の女性と浮き名を流した太宰治

愛人との不穏なやりとり

富栄は静子の妊娠を知ると、ライバル心を掻《か》き立てられ、自分も太宰の子を産みたいと迫るようになった。しかし、この年の6月24日の富栄の日記には、太宰との不穏なやりとりが記されている。

「(僕の命は) あと二、三年、一緒に死のうね」という太宰に、「御願い。もう少し頑張って」と返す富栄だったが、混乱の中で、**彼の子どもを授かるか、それが無理なら太宰と死ぬことこそが自分の使命だと思い込んでしまったらしい。**

また、同年11月12日、太田静子が太宰の子を出産した。15日、静子の弟・通《とおる》が太宰を訪ね、子どもの認知と命名を頼んだところ、太宰は自分のペンネームの「治」の文字を与え、その女児は「治子《はるこ》」と名付けられることになった。のちの作家・太田治子氏である。

その場にはなぜか富栄も同席していたが、太宰と二人っきりになると、あなたの大事な名前の一文字をあの女の子どもに与えるなんて……と、朝まで泣きながらの抗議を続けた。

当時の太宰の担当編集者だった野原一夫《のはらかずお》によると、困った太宰は富栄に向かって「お前にはまだ修の字が残ってるじゃないか」(太宰治の本名は津島修治《しゅうじ》)と慰《なぐさ》めたらしい。

しかし、本音では正妻・美知子との間以外に子どもの誕生などまったく望んでおらず、「このうえ、（他に子どもが）できたら、首括《くく》りだ」と本音をぶちまけていた。

哀れな富栄は太宰との子どもを欲しつづけ、翌年、つまり昭和23（1948）年になっても（それも太宰との心中の1カ月前まで）、こんな決意を日記に書いていた。

「どうしても子供を産みたい。欲しい。きっと産んでみせる。貴方と私の子供を」

富栄まで太宰治の小説のような文体で書くようになった事実には驚かされるが、そんな彼女が太宰に心中を持ちかける女にはとても見えない。

そして「自分も母になりたい」という悲しい願いを日記に記した翌月、富栄と太宰はお互いの身体を赤い紐《ひも》でしっかりと結び合い、玉川上水に身を投げてしまったのである。

太宰の元にやってきた「死の番人」

心中は太宰に強く望まれた結果だとして、なぜ太宰はそこまで死にたくなってしまったのだろうか？　山崎富栄でなければ、いったい誰が太宰を入水に追いやったのか？

——答えは、おそらく**税務署の職員**である。

太宰の家に、武蔵野税務署から一通の手紙が届いたのは、昭和23（1948）年2月末のことだった。

津島美知子が書いた『回想の太宰治』によると、封筒には「前年の所得金額を二十一万円と決定したという通知書と、それにかかる所得税額十一万七千余円、納期限三月二十五日限りという告知書」が入っており、太宰夫妻は驚がくする。

前年に開始された確定申告というシステムを太宰は知らず、もしくは知っていても知らないフリをしてしまい、経費などの申告を一切しなかったから、**収入すべてが課税対象となっていた**のだ。

また、太宰は原稿料や印税などはすべて自分で管理していた。妻の美知子があずかり知らぬところで太宰は収入の大半を飲み代、タバコ代、クスリ代などに浪費しており、もう11万円（現在の価値にすると1100万円ほど）も残っていないと泣きじゃくったのである。

太宰の死は、山崎富栄宅にて執筆中の太宰を税務署の職員が来訪し、二人きりで何かを語り合った直後の6月13日であった。太宰が書いた最後の恋文は、妻の美知子あてで、文面は「美知様　お前を誰よりも愛してゐました」だったが、あまりの気障さに本人が辟易《へきえき》したのか、ゴミ箱に丸めて捨てられていた。

「人間失格！」と吐き捨てたくなる光景ではあったが、衝撃的な入水自殺のインパクトも手伝って、**無頼派作家・太宰治の多くの作品は好調なセールスを重ねた。**また、太宰の死後も、美知子は懸命に税務署と交渉を続け、納税額を11万7０００円から10万円ほどに減らしてもらえたそうだ。

『斜陽』執筆の取材料として、ヒロイン・かず子のモデルとなった太田静子には、約束どおり太宰から1万円（＝現在の１００万円ほど）が支払われていたという。回録の類いでは一切、夫の女性関係については触れない誇り高き正妻・美知子だが、これも経費として計上できていたのか気になる。

〈了〉

【参考文献】

『愛とまぐはひの古事記』大塚ひかり（ベストセラーズ）／『江戸の性の不祥事』永井義男（Gakken）／『一茶の日記』北小路健（立風書房）／『草を褥に』大原富枝（小学館）／『牧野富太郎 花と恋して九〇年』上山明博（青土社）／『牧野富太郎 牧野富太郎自叙伝』牧野富太郎（日本図書センター）／『回想の太宰治 増補改訂版』津島美知子（人文書院）／『トンデモニセ天皇の世界』原田実（文芸社）／『戦国武将に学ぶ「必勝マネー術」』橋場日月、『解体新書 全現代語訳 新装版』杉田玄白他訳著、酒井シヅ現代語訳、『狂気と王権』井上章一、『唐から見た遣唐使 混血児たちの大唐帝国』王勇（以上、講談社）／『紫式部伝 源氏物語はいつ、いかにして書かれたか』斎藤正昭（笠間書院）／『紫式部 人物叢書 新装版』今井源衛、『室町将軍の御台所 日野康子・重子・富子』田端泰子（以上、吉川弘文館）／『杉田玄白評論集』片桐一男、『国葬の成立 明治国家と「功臣」の死』宮間純一、『江戸時代の貸本屋 庶民の読書熱、馬琴の創作を支えた書物流通の拠点』長友千代治（以上、勉誠社）／『渋沢栄一 下 論語篇』鹿島茂、『松本清張の「遺言」』原武史（以上、文藝春秋）／『異形の王権』網野善彦（平凡社）／『芸者と遊び 日本的サロン文化の盛衰』田中優子、『徳川家歴史大事典 別冊歴史読本』、『北条時宗 史上最強の帝国に挑んだ男』奥富敬之、『秀吉を拒んだ女たち』楠戸義昭（以上、KADOKAWA）／『戦争と天皇と三島由紀夫』保阪正康他（朝日新聞出版）／『後醍醐天皇』兵藤裕己（岩波書店）／『後醍醐天皇 南北朝動乱を彩った覇王』森茂暁、『江の生涯 徳川将軍家御台所の役割』福田千鶴（以上、中央公論新社）／『遊女の生活 生活史叢書6』中野栄三、『史料学遍歴』東野治之（以上、雄山閣）／『わたしの蜻蛉日記』瀬戸内寂聴（集英社）／『大坂城 秀吉から現代までの50の秘話』北川央（新潮社）／『戦国武将「お墓」でわかる意外な真実』楠戸義昭（ＰＨＰ研究所）／『甲陽軍鑑』佐藤正英校訂・訳他（筑摩書房）／『王朝貴族の悪だくみ 清少納言、危機一髪』『殴り合う貴族たち 平安朝裏源氏物語』繁田信一（以上、柏書房）／『改正三河後風土記 下』宇田川武久校注、桑田忠親監修（秋田書店）／『北朝天皇 研究の最前線』遠藤珠紀他編、日本史史料研究会監修（山川出版社）

上村一実「中世男色と破滅への道　その果てに見えてくるもの」／呉哲男「万葉の〈交友〉大伴家持と同性愛」／佐藤悟「馬琴の潤筆料と板元　合巻と読本」／暉峻康隆「瀧澤馬琴の生涯」／高木正朗「江戸時代の超高齢者　仙台藩1737―1866年史料に見る（下）」

写真提供（数字は該当ページ）◎国会図書館ウェブサイト：P.17、29、43、56、235、257（左・右）／フォトライブラリー：P.32、91、143／清浄光寺（遊行寺）：P.121／ColBase（https://colbase.nich.go.jp/）：P.105、138、209、232／PIXTA（マノリ）：P.181／牧之原市史料館：P.205／共同通信社：P.262／日本近代文学館：P.271

本書は、本文庫のために書き下ろされたものです。

日本史《にほんし》　不適切《ふてきせつ》にもほどがある話《はなし》

著　者　堀江宏樹（ほりえ・ひろき）
発行者　押鐘太陽
発行所　株式会社三笠書房
〒102-0072 東京都千代田区飯田橋3-3-1
https://www.mikasashobo.co.jp
印　刷　誠宏印刷
製　本　ナショナル製本

ISBN978-4-8379-3098-3 C0130

本書へのご意見やご感想、お問い合わせは、QR コード、
または下記 URL より弊社公式ウェブサイトまでお寄せください。
https://www.mikasashobo.co.jp/c/inquiry/index.html

王様文庫